カクキュー八丁味噌の今昔

～味一筋に十九代～

合資会社八丁味噌（屋号：カクキュー）
早川 久右衛門

中経マイウェイ新書 051

目次

第一章　カクキューの歴史

語り伝えられてきた由来……9
6月8日、ご先祖さまの命日……13
地名も重要な文化遺産……17
八丁味噌特有の重厚な味……21
すべてがそろう岡崎城下……25
矢作川と東海道の交わる要衝……29
大豆の値段が6倍に高騰……33
大きな励み飛躍的成長へ……37
1カ月の航海も品質変わらず……41
工場に初めて電動設備導入……45
電気の将来性見越して賛同……49
苦境を乗り越え盛大に……53
工場用地拡大や新たな井戸も……57
統制価格で、売るほど赤字に……61

第二章　十九代　早川久右衛門を継ぐ

混乱の時代に明るい希望……67
味噌造りと一体の暮らし……71

岡崎城ゆかりのソテツと用材 75
忘れられない音や悪戯 79
流されず地に足を付ける 83
販売網再整備で変化に対応 87
新興企業の活力目の当たり 91
体壊し健康の大切さ実感 95
私だけでもあいさつしよう 99
まず意識を変えることから 103
定められた運命なのか 107
空前のブーム売り子で活躍 111
浪費だと反対の声 115
貴重な歴史遺産を伝えたい 119
史料館が大きな力を発揮 123
想定外の混雑、近隣から苦情 127
自分に課せられている使命 131
名前呼ばれてもなじめず 135
第三章　カクキューの八丁味噌
八丁味噌は伝統技術の結晶 141
知名度高い〝名称〟使いたい 145
事態は思わぬ方向へ進む 149
地域ブランド守る精神に反する 153
登録見直しの署名に9・4万人 157

著名人の味わった「八丁味噌」 161
常磐館のご縁で文人に愛される 165
ご本人からの直接注文も 169
〝生き証人〟の建物や機械 173
南極でも品質・味変わらず 177
さまざまな名誉な経験 181
「正直なものづくり」を誓う 185
海外で起きた和食ブーム 189
食品販売業者から注文急増 193
伝統製法のおかげで
認証をスムーズに取得 197
地域の生活文化そのもの 201

あとがき
カクキューの歩み（年表）

第一章　カクキューの歴史

早川氏庭榎の碑

語り伝えられてきた由来

カクキューの敷地内（岡崎市八帖町《はっちょう》）にある史料館前の展示物のひとつに「早川氏庭榎《えのき》の碑」という石碑がある。屋敷の庭に植えて愛護したエノキが繁栄をもたらしてくれたという、エノキの霊異を讃える珍しい石碑で、江戸時代末期の1855（安政2）年に建立された。

もともとは、早川家の檀那寺《だんなでら》である願照寺《がんしょうじ》（同市舳越町《へごし》）の北方にあった早川家所有地内にあったが、戦後の農地改革でその土地を手放してしまったため、八帖町にあった住まいの庭へ移された。

この石碑の四方面には、渡部幹という人によって書かれた碑文が彫り込まれている。記してあるのは、エノキを讃えた内容と、古くから語り伝えられてきた早川家の由来であり、貴重な歴史的資料であるため、現在は風雨にさらされないよう史料館前に移された。

碑文によると、時は戦国時代、1560（永禄3）年の桶狭間の戦いにまでさかのぼる。

圧倒的な勢力を誇っていた今川義元を織田信長が打ち破り、天下統一へ踏み出していった戦いだが、この時討たれた義元の家臣のひとりに早川新六郎勝久《はやかわしんろくろうかつひさ》という人がいた。わが早川家の先祖である。勝久は二君に仕えることを望まず、矢作川《やはぎがわ》西岸の舳越村に定住して、名前を久右衛門《きゅうえもん》と改めた。

この舳越村とは、檀那寺の願照寺がある現在の舳越町であり、碑文には記されていないが、わが家には「勝久は願照寺で味噌すり坊主に化けて追手からかくまってもらった」という言い伝えも残されている。

戦いに敗れ、駿河へ敗走する途中で矢作川を越えずに願照寺に逃げ込み、そこで味噌造りを学んだとも考えられる。我先祖が味噌造りをはじめたのは、武士であったころに保存食としての「味噌の大切さ」を感じていたからではないだろうか。

なお、当時今川義元の人質であった松平元康（後の徳川家康公）は、我先祖と同様に今川のもとで共に戦っている。そして戦に敗れた後に、矢作川を越えて徳川家の菩提寺・大樹寺へと逃れて決意を新たにし、天下泰平の時代へとつながった。

桶狭間の戦い以前の早川家のルーツとしては、神奈川県小田原市の早川という地とも言われてきた。小田原は北条氏の所領である相模国にあるが、義元の子、氏真の正室は北条氏から嫁いだ「早川殿」と呼ばれていた女性であり、早川家の先祖が何らかの理由で今川氏の所領である駿河に移り住んだとしても、不思議ではないのではないだろうか。

十九代当主　早川久右衛門

創業は正保2年

6月8日、ご先祖さまの命日

「榎の碑」の碑文には、早川新六郎勝久、すなわち初代久右衛門についての記述に続いて、「数代後の子孫が矢作橋東の八丁村に移住した」と記されている。その後、この地において味噌造りが始まった。

『新編岡崎市史』によると創業は江戸時代初期の1645（正保2）年と言われている。しかし、碑文には詳しいことは記されてはいないし、八丁村に移住したのが何代後なのか、具体的なことは分からない。

碑が建立されたのは1855（安政2）年で、桶狭間の戦いはそれより300年くらい前のこと。

味噌業を始めた時は、ここまで長く商いが続いていくとの思いがなかったのかもしれない。正確な伝承が残されていなくても、やむを得ないことではないだろうか。

早川家の由来を知る記録としては、榎の碑の碑文のほかにもある。そのひとつが、檀那寺の願照寺に残されている過去帳であり、最初に出てくるのは「釋《しゃく》道圓《どうえん》」という戒名の先祖だ。

亡くなったのは1672（寛文12）年6月8日で、過去帳には生年月日は記されていないため、何歳で死去したのかは分からない。

しかし、「この人が味噌屋を始めた」との伝承が残されており、早川家では今でも6月8日を「ご先祖さまの命日」として供養を行っている。

亡くなった1672年は、創業の年と言われている1645年の27年後であり、働き盛りの頃に味噌業を始め、成功を収めることができたと見ても不自然ではない。

勝久が故郷を捨てて岡崎で新たな人生を始める決心をしたのは、桶狭間の戦いのあった1560年。

創業した1645年は、それから85年後のことであり、この頃には戦乱のない平和な時代が始まっていた。

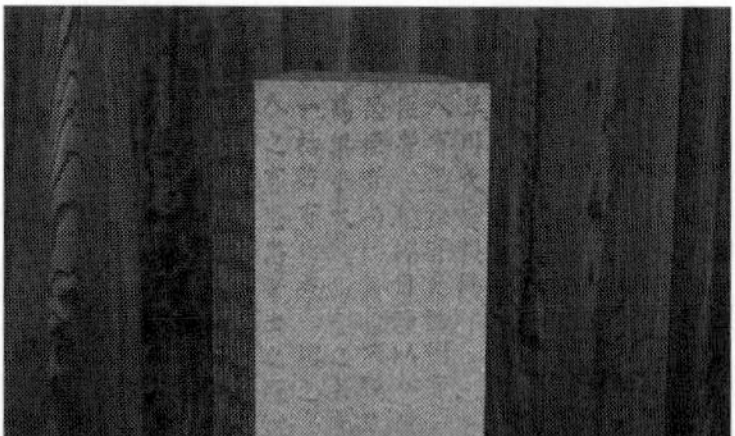

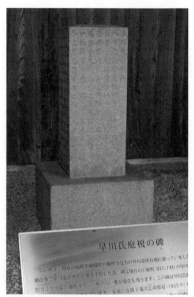

早川家の由来を伝える「榎の碑」

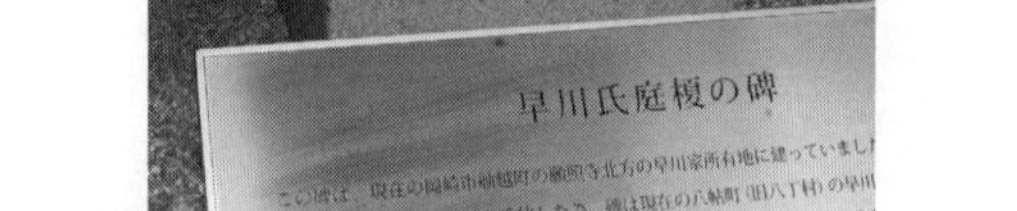

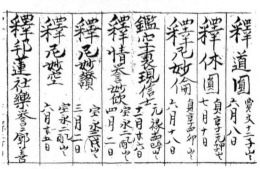

願照寺に伝わる早川家の過去帳の一部

八丁村で生まれ育まれてきた八丁味噌

地名も重要な文化遺産

地名の「八丁村」の由来は、徳川家康公生誕の岡崎城から西へ八丁（約870メートル）の距離にあったからだと言われている。

現在の地名の表記は、1878（明治11）年に東隣の「松葉町」と合併した時から「八帖」（読み方はかわらず「はっちょう」）と改められたが、地名も重要な文化遺産であり、本来の「八丁」に戻すべきだと考えている。

八丁味噌とは、この八丁の地で生まれ、地域の暮らしと独特の気候風土に育まれてきた味噌のことであり、もっとも正確かつ厳密な意味において、それ以外の地域で造られている味噌を「八丁味噌」と呼ぶことはできない。

ところで、味噌造りはどこからやって来たのだろうか。中国大陸からの伝来とされているが、伝えられたのは製法のみではないだろうか。

なぜなら、日本の味噌は日本酒や醤油と同様に、日本独特のものであり、麹《こうじ》菌による固有の伝統的な発酵文化の中から生まれてきたからだ。

この麹菌を、日本醸造学会は２００６（平成18）年、「われわれの先達が古来大切に育み、使ってきた貴重な財産」として「国菌」に認定した。桜が「国花」であるように、日本を代表する菌と位置づけたわけだが、そのくらい麹菌は日本独特のものなのだ。

このように、麹菌が発酵して生み出す独特な味噌の中で、とりわけ独特なのが、八丁味噌である。

日本の多くの地域で造られているのは、大豆と米と塩と水を用いて仕込む米味噌だが、八丁味噌は米を使わず、大豆と塩と水のみで造る豆味噌に分類される。

豆味噌が造られているのは、愛知、岐阜、三重の東海3県下の一部に限られているが、当社の造る八丁味噌は、職人の手によって重石《おもし》を円錐状《えんすいじょう》に積むことや、仕込みの期間の長いのが大きな特色であり、同様に伝統的製法を守り続けている南隣の「まるや八丁味噌」とともに、「木桶に仕込み、八帖町（旧・八丁村）で二夏二冬（2年以上）天然醸造で熟成させる」など、八丁味噌の定義を定めている。

カクキューの本社屋と私

気候風土と水

八丁味噌特有の重厚な味

世界でも独特な日本の味噌の中で、とりわけ独特な八丁味噌の味や香り、旨味を生み出してきた要因は、いくつも挙げることができる。

八丁味噌は、二夏二冬の長期にわたって天然醸造で熟成させるのが大きな特色のひとつとなっているが、その製法を生み出した背景には、八丁村の気候風土があった。

八丁村は、矢作川や乙川、早川などの川が入り組んだ高温多湿な地域にあった。このため、米味噌や麦味噌ではなく保存性の高い豆味噌を造り、さらにコストはかかってもより保存性の高い味噌にするために、仕込みに使う水を極限まで減らしていったと考えられている。ここから、八丁味噌特有の重厚な味が生まれてきた。

八丁村は、味噌造りの条件にも恵まれていた。そのひとつが美しく澄んだ良質な水である。

わが社のすぐ目の前には、早川という川が流れている。矢作川水系の川で、私の父が子どもの頃には、アユがやって来たり飲めるほどのきれいな水が流れていたと聞く。

八丁村の水の良さは昔から知られていたようで、岡崎城再建の祝賀会で開かれた茶会の水として使われたという話や、酒蔵が酒造りのための水を汲みに来たという話が残っている。

大正時代には味噌の生産量の増大に対応するため、大井戸を掘って、良質な伏流水を大量に組み上げていた。水質は申し分なく、夏でも冷たい水だったと言われている。

しかし、正確な時期は不明だが大井戸は枯れていき、現在では岡崎市の水道水を使用している。原因としては、1951（昭和26）年の1号線矢作橋の架け替え工事で水脈が変化した、矢作川上流での砂利採取などにより砂の粒子が水脈に詰まった、矢作川の改修工事で水脈が絶たれたなどの諸説があるが、本当のことは分かっていない。

早川の水も工場や商業施設の建設の影響で水が濁ってしまったが、最近になって、近くに住む人が環境にやさしい善玉菌の集合体であるＥＭ菌を散布し、自然の浄化力が高まって、コイが泳ぐまでのきれいな水が戻ってきた。希望を捨ててはいけない、と教えられた。

かつて良質な水を供給していた大井戸の跡

矢作大豆

すべてがそろう岡崎城下

八丁味噌の原料は大豆と塩と水だが、八丁村は良質な水のみならず、大豆や塩など、味噌造りに必要なものに恵まれていた。

塩については、吉良でとれる良質な塩（饗庭塩《あいばじお》）を用いることができたし、味噌を仕込む木桶を作る職人もいた。燃料となる薪や木桶に載せる重石などは、矢作川の上流から川舟で運ばれていた。

大豆については、創業当時は「矢作」と呼ばれる地大豆《じだいず》を用いていた。

一般の大豆種に比べて背丈が低く、実を結んでも倒れにくいなどの特色があり、矢作川周辺に大豆畑が広がっていたと言われている。

矢作大豆については、古文書に記載があるのみで、長い間、幻の大豆と思われていたが、料理研究家の辰巳芳子《たつみよしこ》先生が会長を務める「大豆100粒運動を支える会」の活動を通じて、種子を保管している施設があることが分かった。

そこで、矢作大豆を復活させるために種子を取り寄せ、当社敷地内にて2007（平成19）年からプランターなどを用いて試験栽培を開始し、農家さんに協力していただき、農家さんの畑での栽培にも成功した。

収穫できれば、当然のことながら矢作大豆の味噌を造ってみたくなる。しかし、現在の品種と比べて、安定的な収穫を維持するのが難しかった。

そこで、木桶1本分が収穫できた年にのみ、味噌を仕込むことにした。ようやく完成することができ、商品化に成功したのは2013（平成25）年のことだった。

さらに、2016（平成28）年には「五夏五冬（5年以上）」熟成させた八丁味噌を「ヴィンテージタイプ」として商品化した。酸味の効いた、味わい深い味噌に仕上げることができた。

なお、辰巳先生にまつわるエピソードはその他にもある。以前、辰巳先生より「日本人にとってお米とお味噌は大事で、これらをいつでも食べることのできる『みそせんべい』にすることはとても意義あること。カクキューで商品化してほしい」とのありがたいお言葉をいただき、2019（平成31）年に「玄米入り味噌せんべい」を商品化した。一般的なせんべいは、米が粉末状になったもので作るようだが、この「玄米入り味噌せんべい」はできるだけお米そのものを味わえるように、せんべいを作る直前にせんべいの工場内で精米して米粒を残し、さらに私のこだわりで添加物を使用せずに仕上げた。

辰巳芳子先生のお母さまは料理研究家の辰巳浜子《はまこ》先生で、2世代に渡り当社の八丁味噌をご愛用くださっている。辰巳先生方は、当社の行くべき道に導いてくださる大切な先生である。

「矢作大豆」を復活栽培（収穫を喜ぶ私）

五夏五冬熟成の「ヴィンテージタイプ」

江戸へ販路を拡大

矢作川と東海道の交わる要衝

味噌事業を立ち上げた先祖がどのようにして商いを広げていったのか、くわしいことは分からない。

戦国時代には、味噌は重要な兵糧《ひょうろう》のひとつであり、家内工業として造られていた。その時代を経て、大量に生産する専門の事業者が登場してくる背景には、世の中が平和になり、生活物資の交易が盛んになっていったという事情が考えられる。

時代の変化に対応するために、各地で大規模開発が行われ、岡崎では1590（天正18）年から1600（慶長5）年に城主であった田中吉政《たなかよしまさ》の時代に、矢作川の大規模改修が行われ、現在の川筋がほぼ定められた。水路の整備は、重量物である味噌の運搬や原料の調達に不可欠だった。

街道の整備や参勤交代の制度化によって、人の往来も盛んになっていき、八丁村では1634（寛永11）年、三代将軍家光の上洛に合わせて矢作川に板橋が架けられ、矢作川と東海道の交わる八丁村は、物資と情報が行き交う要衝となった。

早川家に残る古文書は約4000点あるが、年代の判明していないものも多く、早川家に関して判明しているもっとも古い文書は、1679（延宝7）年の農家から畑を購入した証文である。

江戸末期の文書には、江戸日本橋呉服町の伊勢屋吉之助《いせやきちのすけ》へ味噌を卸した記録が多数みられる。

伊勢屋とどのようにして関係を持つに至ったかは明らかではないが、伊勢、松阪地方の木綿業者は江戸との取引が盛んで、早川家も木綿の仲買を行っていたことがあり、その関係で縁ができたとも考えられる。

伊勢屋からは、当時の最大顧客と言っていいほどの大量の注文があり、どの顧客よりも安く卸していた。現在に至るカクキューマークは、この伊勢屋との取引から多く用いられるようになった。

徳川幕府の誕生で、多くの三河武士が江戸へ移住しており、八丁村の八丁味噌が江戸で暮らす人たちに愛されていたとしても不思議ではない。

なお、カクキューのロゴは早川久右衛門の「久」の字を四角で囲むものであり、このマークからいつしか「角久」（カクキュー）の屋号が誕生した。

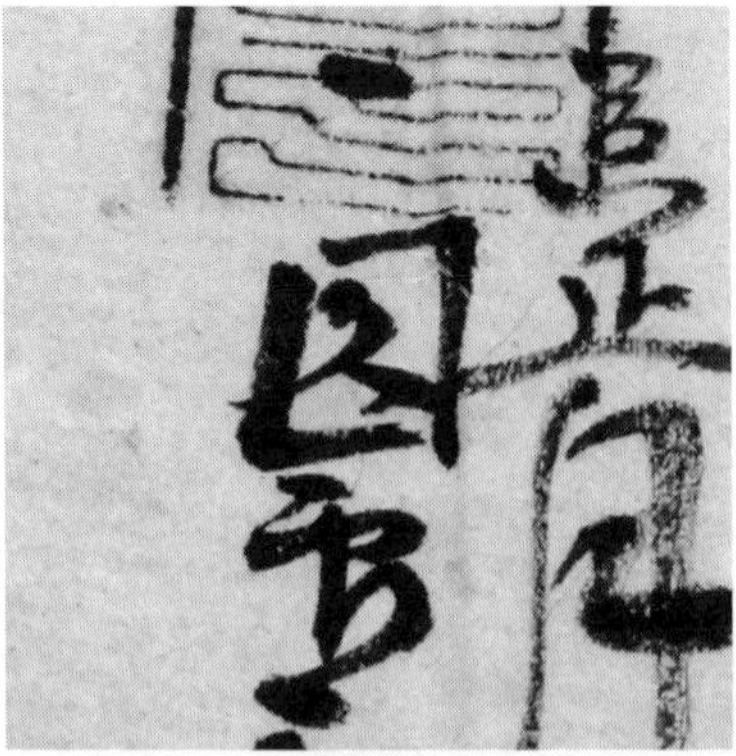

伊勢屋へ味噌を卸した記録にカクキューマークがある

久右衛門の「久」を四角で囲んだので「角久」（カクキュー）と呼ばれるようになった

明治始めの経営危機

大豆の値段が６倍に高騰

１８７８（明治11）年９月に書かれたと思われる文書に「近傍では八丁味噌と称し、遠国では三河《みかわ》味噌《みそ》と称する」という内容がある。

昔は固有の商品名を付けないで、地名を用いて呼ばれていて、同じ商品であっても、場所によっていろいろな呼び方があったのではないだろうか。

しかし、１８５７（安政４）年に江戸の役人の書いた「三河美やけ（みかわみやげ）」という本には「八丁味噌」という記述があり、幕末の頃には「八丁味噌」の名前は江戸で広く知られていたものと思われる。

知名度の高まりに伴って、八丁味噌の生産量は拡大していったが、明治維新という時代の大変動で状況は一変した。

明治初めに当社を襲った変動の最初は急速なインフレの進行で、1858（安政5）年と比べた大豆の値段は、10年後の1868（明治元）年には4・5倍、翌年には6倍にまで高騰した。

大豆を主原料とする豆味噌業者にとって、大豆の高騰は死活問題であり、思うように買い入れることができなかったため、味噌の生産量は大幅に減少した。この危機を乗り切っていったのは、当時支配人を務めていた手島源市《てしまげんいち》と、その後を継いだ手島鍬司《てしまくわじ》だった。

1881（明治14）年に15代休右衛門《きゅうえもん》が亡くなり、後を継いだ16代休右エ門は、経営がどん底にまで落ちていった1884（明治17）年、満20歳とまだ若かった。このため、源市が後見人となり、業務全般にわたって補佐役を務めた。几帳面な源市は、当社にとっての二宮金次郎のような人だったのではないだろうか。

鍬司は岡崎藩士の服部家の生まれで、16歳からカクキューに勤めた。仕事にも勉学にも熱心なことから、源市に認められて手島家の養子となった。

その鍬司の業績を記した書籍には、明治始めのカクキュー経営危機を「盛衰興亡に関する悲境」と記されており、まさに存亡の危機にさらされていた。

手島鍬司（左）と16代早川休右エ門（右）

宮内省御用達の許可を得る

大きな励み飛躍的成長へ

1891（明治24）年、源市に続いてカクキューの支配人に就任した鍬司は、沈滞していた社業を手腕をふるって急速に回復させ、成長軌道に乗せていった。とりわけ貴重な功績は、宮内省御用達の許可を得たことだった。

鍬司には、小柳津要人《おやいづかなめ》という従兄弟《いとこ》がいた。小柳津は戊辰戦争では幕府方に加わり、函館の五稜郭でも官軍と戦ったが生き残り、後に丸善に入社し、3代社長に就任。洋書の輸入等を手掛け、同社書籍部門の基礎を築き上げた人である。

この小柳津から「宮内省の御用命を受けるよう努力してみては」との助言を得た。鍬司は当主の16代休右エ門とともに上京し、多くの人の助力を得ながら働きかけた結果、１８９２（明治25）年から宮内省へ八丁味噌の納入を始めることができた。

９年後の１９０１（明治34）年には、念願の御用達の許可を得た。これが大きな励みとなり、日清・日露戦争後の日本経済の拡大という背景もあって、飛躍的な成長への転機となった。

宮内省への納入が始まった翌年の１８９３（明治26）年の大豆の買い入れ量は１０００石《こく》そこそこだったが、その後、長期にわたって成長を維持し、21年後の１９１４（大正３）年には３０００石台と３倍にまで拡大した。

カクキューの社業を回復へと導いた鍬司は、その後政界に進出し、岡崎町会議員、額田郡会議員、愛知県会議員を経て、１９２０（大正９）年には衆議院議員となった。任期半ばの１９２２（大正11）年に54歳という若さで急逝したが、１９６１（昭和36）年に岡崎市名誉市民に選ばれ、その活躍が讃えられた。

手島源市・鍬司の活躍していた少し前の時代には、早川家に優れた文人がいた。カクキュー14代当主早川休右衛門の妻の千代だ。

1808（文化5）年に豊橋で生まれた千代は、京都の香川景嗣《かがわかげつぐ》、幡豆郡横須賀村（現・愛知県西尾市）の福泉寺住職公阿、東京の佐々木弘綱《ささきひろつな》に師事した歌人でもあった。

千代の詠んだ歌は「類題三河歌集」「明治新題余力詠歌集」「村上忠順《むらかみただまさ》編・類題和歌玉藻集」に収められており、石川千濤《いしかわちなみ》の選んだ「三河三十六人撰」にも選ばれた。80歳を記念して、歌集「塵泥《ちりひじ》集」を刊行し、その版木が今も残っている。

早川家の由来を記した「榎の碑」は千代の夫の14代当主が遺言し、15代当主が建立したものである。

歌人として知られていた早川千代

ドイツの万国衛生博覧会理事会から高評価を得る

１カ月の航海も品質変わらず

１８９２（明治25）年の宮内省への納入を契機として、明治という新時代に対応するための取り組みを活発化させていくと、八丁味噌への評価がさらに高まってきた。

その結果、１８９６（明治29）年の「五二会全国品評会」を皮切りとして、品評会や博覧会などの物産展において、毎年のように賞を受賞するようになった。

当時の物産展の概要を眺めてみると、「五二会全国品評会」の審査総長は、後に憲法の起草に参画し、当時は農商務次官を務めていた金子《かねこ》堅太郎《けんたろう》であり、翌年に開催された博覧会の名誉総裁は、戊辰戦争の五稜郭の戦いなどで知られ、後に農商務大臣を務めた榎本武揚《えのもとたけあき》であるなど、歴史上の有名な人物の名前を見つけることができる。

明治や大正の時代は、今日のようにマスメディアが発達していたわけではなく、産業振興のための国策の一環として博覧会や品評会が開催されていた。こうしたことから、物産展での受賞には、国に認められたとでも言うような特別な意味を持っていた。

1911（明治44）年には、ドイツのドレスデンで開催された「万国衛生博覧会」に八丁味噌を出品し、3等賞を受賞して、博覧会理事会から記念牌が贈られた。

理事会が驚きとともに注目したのは、八丁味噌の品質に何の異常も見られなかったことだった。

八丁味噌が日本を出てからドイツへ到着するまでには、1カ月余の長い航海を経なければならない。途中には赤道直下のインド洋が待ち受けており、通り抜けるには幾日もかかる。

関係者が心配する中、現地へ届いた八丁味噌の品質には何の異常もなかった。こうして、初めて世界のひのき舞台に立つことができ、高い評価を得ることができた。

万国衛生博覧会で贈られた記念牌

押し寄せる近代化の波

工場に初めて電動設備導入

八丁味噌が広く知られるようになり、信用が高まってくると、客観的に品質を保証する資料が必要になり、公的試験所の分析を受けることになった。現存している分析記録でもっとも古いのは、１８９６（明治29）年の大阪衛生試験所によるものだ。この年には「五二会全国品評会」に出品しており、開催地の京都の業者に制作を依頼した広告のビラに、その結果を印刷した。この時、１０００枚ものビラを発注し、全国規模の品評会で広く宣伝した。

明治になって、大豆を蒸すために使用する燃料も変化していった。江戸時代からの燃料購入記録が残されており、記録は１８８０（明治13）年度で終わっているが、燃料として割木、槙《まき》、雑木などの記述がある。

書類に「石炭」の文字が登場するのは、1900（明治33）年からで、この頃から石炭への切り替えが進んでいったものと思われる。

電動設備の導入も始まっていった。

「岡崎の歴史」（著作者代表・岩月栄治《いわつきえいじ》）によると、岡崎の中心部に電灯が灯ったのは1897（明治30）年7月1日。

それから10余年後の1909（明治42）年4月、2馬力の電動機の導入が愛知県知事に認可され、それまでは作業のすべてを人力で行っていたわが社の工場で、初めて電動設備が稼働した。

当時の当主16代休右エ門が、産業エネルギーとしての電気の将来性を見越し、いち早く導入に踏み切ったもので、これがひとつの契機となり、多くの地元企業も電気利用の動きに参加していった。

とはいえ、まだ電気エネルギーの黎明期《れいめい》であり、昭和初期に稼働していた電動設備は、豆洗い機や水洗いした大豆を2階へ運ぶベルトコンベアなど、まだ限られていた。

昭和初期には「八丁味噌本社の完成理想図」を制作し、ほぼこの絵に沿って建物を建設していった。

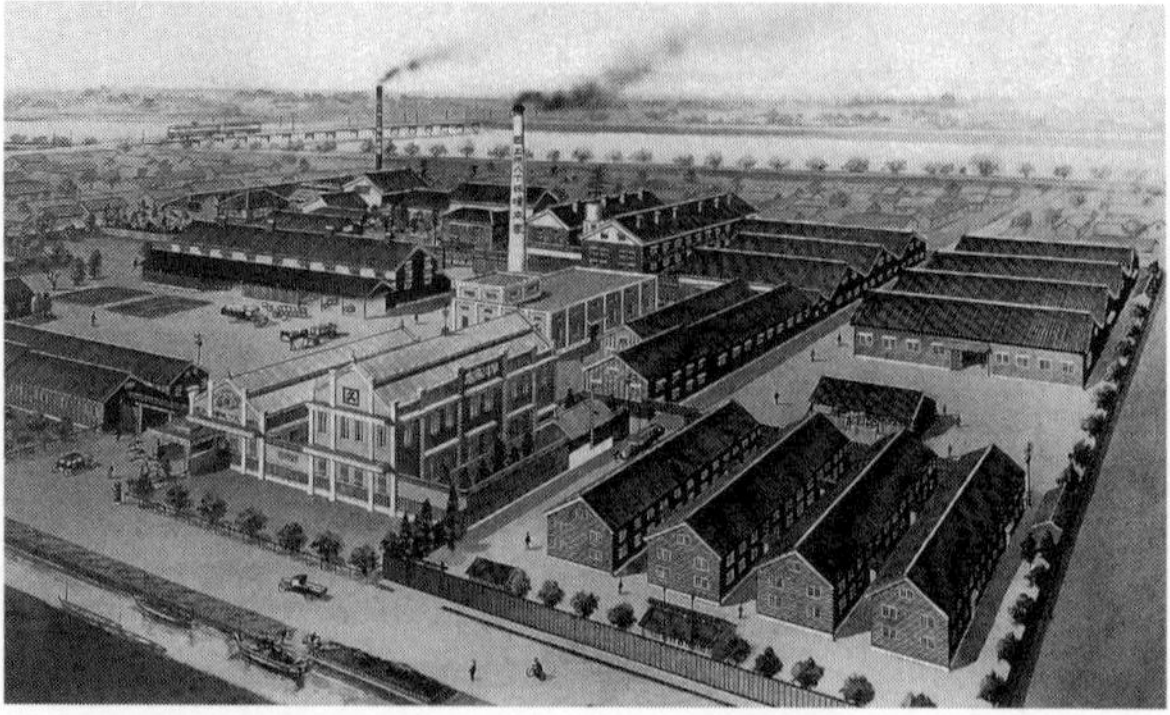

昭和初期に制作された「八丁味噌本社の完成理想図」

岡崎電燈を支援

電気の将来性見越して賛同

16代休右ェ門は、電動設備の導入に踏み切ったが、地元の電力会社「岡崎電燈」を資金面や経営面で支援した人でもあった。

明治、大正期には、全国各地で電力会社が設立された。新しい波は岡崎にも押し寄せ、１８９５（明治28）年、電信技師の大岡正がやって来た。全国を歩き回り、発電事業の重要性を説いた人だった。

真っ先に賛意を示したのは、呉服太物商《ごふくふとものしょう》「沢津屋」の2代杉浦銀蔵だった。西洋諸国の産業革命についての知識があり、繊維産業の機械化や鉄道開通のために奔走していたからだ。

協力者を求めると、丸藤旅館主の田中功平、醸造業を営む伊勢屋店主の近藤重三郎が加わり、3氏は銀蔵の所有する水車を利用して、水力発電の実験を開始した。

だが、落差が不十分なことから実験は失敗。そこで、水量が豊富で落差のある急流を探し、市街地から16キロ離れた奥殿村日影（現・岡崎市日影町）に適地を見つけると、反対する村民を説得して実験を開始した。

失敗を繰り返し、金融機関が融資に難色を示したため、銀蔵は土地、家財を抵当にして資金をつくり、1896（明治29）年、「岡崎電燈合資会社」を設立した。

数々の困難と長距離送電に対する不安を乗り越え、1897（明治30）年7月、岩津発電所の開業にこぎ着けることができた。開業式には元内務大臣の品川弥二郎《しながわやじろう》も招いており、当社には現在もその時の大臣の祝辞が残されている。

会社設立後も、市内に電線路を張り巡らすための多額の資金が必要であったが、事業に賛同した16代早川休右エ門の支援によって架線工事を無事進めることができた。

愛知県下初の電力会社である名古屋電灯が国の支援を得て発足したのに比べ、岡崎電燈はこのように民間の手でつくり上げられた。

１８９９（明治32）年10月、２代杉浦銀蔵は志半ばでこの世を去り、３代杉浦銀蔵が跡を継いだ。１９０７（明治40）年には株式会社組織に変更し、初代取締役には３代杉浦銀蔵、田中功平、近藤重三郎の３氏、監査役には16代早川休右エ門が就任した。

当社は、杉浦銀蔵に関する史料を多数所蔵している。

杉浦銀蔵に関する史料

5000石で祝賀式

苦境を乗り越え盛大に

明治中期に宮内省から御用達の許可を得たのを契機として、カクキューは順調な成長を続けていき、その動きは大正時代いっぱいまで続いた。

事業規模の推移は、大豆の買い入れ量からもとらえることができる。年間買い入れ量は、1893（明治26）年度に1000石を超え、1914（大正3）年度には3000石台に乗った。

しかし、一本調子に順調だったわけではなく、1920（大正9）年8月の事業報告書に記されている内容は厳しく、第一次世界大戦後の好景気とその反動としての不況が、味噌業界に及んだことを物語っている。

そうした苦境を乗り切り、1923（大正12）年度には、大豆の買い入れ量が5000石を超えるまでに拡大した。
このため、翌年の仕込みが終わって2カ月ほど後の6月8日、すなわち「ご先祖さまの命日」の日に、当主の17代久右エ門をはじめ、親類や従業員、その他関係者ら数十人が八帖町の諏訪神社に集まって、祝賀式「五千石祝い」を盛大に開催した。
当時の支配人であった小沢源太郎以下、4人が祝辞を述べた。社員を代表した小沢源太郎の祝辞は、次のような格調高いものだった。（読みやすいように一部手を加えています）
「当店八丁味噌醸造販売の創始は、実に正保二年にして、今を去ること二百八十余年の昔に属し、当初の創業は、現今よりこれを見れば、実に微々たるものなり。その後、種々製法の改良により、一種独特の熟成基準を有したること、実に遺憾なく製品の上に現れて、他製品の追随を許さざるものあり」

文面からは、長い伝統を受け継いできたのみならず、多くの改良を加え、他に追随を許さない製品を作り上げてきたという、自信と誇りに溢れている。「五千石祝い」ではこのほかに、八帖町に住む子ども全員に菓子を配ったり、取引先の人たちを矢作橋西端にあった料亭「藤伝楼《ふじでんろう》」に連日招待したなどと伝えられている。

盛大に開催した祝賀式「五千石祝い」

戦前の黄金時代

工場用地拡大や新たな井戸も

増産が続いていけば、将来に備えて新たな工場用地を確保する必要が生じてくる。

そこで1922（大正11）年頃、旧東海道に代わって新国道（現・国道1号線）が当社の北側を通るようになったのを機に、私の祖父17代久右エ門は隣接の水田を埋め立てて用地を造成した。その結果、工場用地はそれまでの約10倍に広がった。

1924（大正13）年には、仕込み蔵として甲子蔵《きのえねぐら》を新設した。この年を甲乙などの十干と子丑などの十二支で表わすと「甲子」になるので、このように名づけられた。

「甲」は十干、「子」は十二支の一番目の文字なので、この「一番」にあやかって蔵の名称に用いたのだ。高校野球で知られる「甲子園球場」も同じ年に完成したので、読み方は異なるが、同じような理由でこの2文字が採用された。

増産に対応するため、新たな水源として醸造用の大井戸を掘り、大量の伏流水を汲み上げるようになったのもこの頃で、1922（大正11）年11月に着工し、1924（大正13）年4月に完成した。

1990（平成2）年に岡崎市都市景観環境賞を受賞し、1996（平成8）年に国の登録有形文化財となった本社事務所（現・本社屋）の建設が始まったのも、大正末期と言われており、1927（昭和2）年11月に完成した。

古風な旧店に比べると、人目をひく斬新なデザインで、建物内は広くて天井が高い。また中心となる柱の土台は石でしっかり固められているので、私の父は、「地震の時はここへ逃げ込みなさい」と強く言っていた。

1923（大正12）年には関東大震災が起きており、そのことが念頭にあったため、このような設計になったのだ。

このように、大豆の買い入れ量が5000石を超えたこの頃は、第二次世界大戦前におけるまさに黄金時代だった。

旧店舗での営業最終日に旧店舗前で記念撮影（左から4番目が17代久右エ門）

斬新な本社事務所の完成を祝う（昭和2年11月）

統制価格で、売るほど赤字に

大正が終わって昭和になると、金融恐慌などの経済危機、戦時体制の確立、大戦への突入というように、世の中は一転して悪い方向へ向かっていき、当社においてもかつて経験したことのない苦境に立たされることとなった。

日中戦争が長期化を見せ始めた時期に、物不足から政府は国民経済の統制色を強め、ついに味噌も価格統制を受けることとなった。

最初の統制は1939（昭和14）年2月6日であったが、最も深刻な影響を及ぼしたのが1940（昭和15）年9月1日実施のものだった。定められた豆味噌の統制価格は、上限の価格でさえ八丁味噌の生産原価を下回っていたため、造って売れば売るほど赤字が増えてしまうからだ。国家の非常事態とはいえまさに死活問題であったため、現状を正しく認識してもらうために、私の祖父17代久右エ門は地元選出の衆議院議員の大野一造氏と岡本実太郎氏に相談し、政府へ働きかけるなどの対抗措置をとることとなった。祖父は1939年1月初めに脳卒中の発作で右半身の自由を失っていたため、大野氏や岡本氏への手紙は不慣れな左手で書いていたと聞く。しかし、その努力もむなしく、政府に主張を聞き入れてもらうことは叶わなかった。

これでは健全かつ自由な企業経営や、伝統の八丁味噌の品質を維持することはきわめて困難と判断し、当社「カクキュー」と、同じく江戸時代初期から八丁味噌を造っている「まるや」の2社は苦渋の選択を迫られ、共同で「休業宣言」を出すに至った。

こうして、江戸時代初期から続いてきた長い歴史の中で、八丁味噌を造ることができないという最大の危機が、1940年9月1日から1950（昭和

25）年4月に統制が解除されるまで続くことになる。

しかし、このような苦境にあって、ささやかながら八丁味噌を造る機会が与えられた。宮内省から「八丁味噌という文化遺産の製造技術を絶やしてはならない」という温かい配慮をいただき、少量ながら従来と同質の大豆を入手することができたからだ。

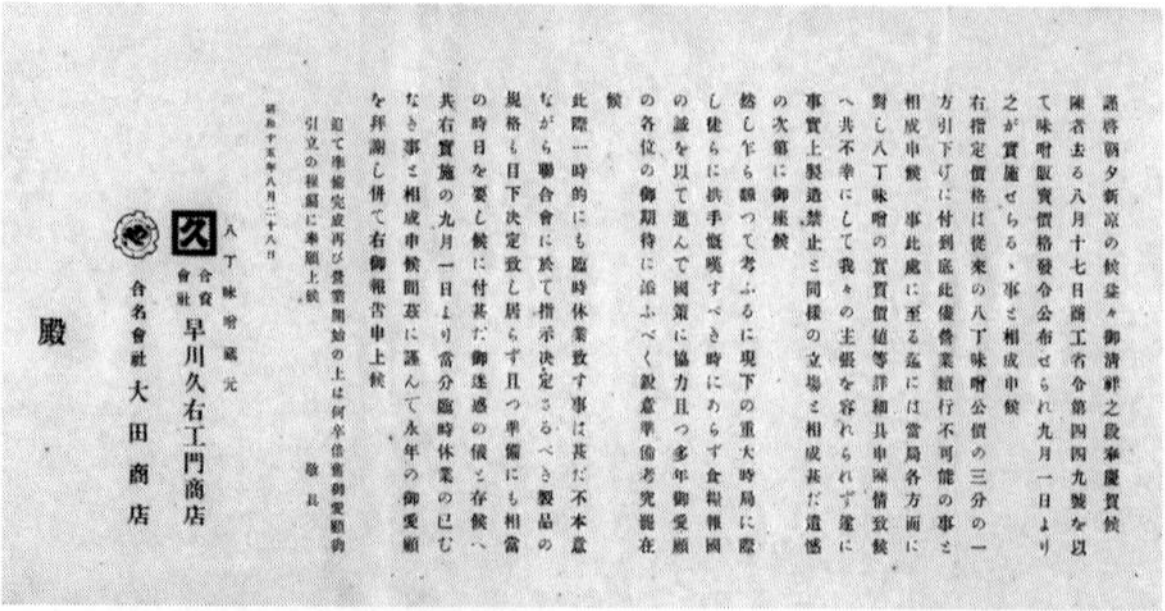

謹啓朝夕新涼の候益々御清祥之段奉慶賀候
陳者去る八月十七日商工省令第四四九號を以て味噌販賣價格發令公布せられ九月一日より之が實施せらるゝ事と相成申候
右指定價格は從來の八丁味噌公價の三分の一方引下げに付到底此儘營業續行不可能の事と相成申候　事此處に至る迄には當局各方面に對し八丁味噌の實質價値等詳細具申陳情致候へ共不幸にして我々の主張を容れられず遂に事實上製造禁止と同樣の立場と相成甚だ遺憾の次第に御座候
然し乍ら顧つて考ふるに現下の重大時局に際し徒らに拱手慨嘆すべき時にあらず食糧報國の誠を以て進んで國策に協力且つ多年御愛顧の各位の御期待に添ふべく鋭意準備考究罷在候
此際一時的にも臨時休業致す事は甚だ不本意ながら聯合會に於て指示決定さるべき製品の規格も目下決定致し居らず且つ準備にも相當の時日を要し候に付甚だ御迷惑の儀と存候へ共右實施の九月一日より當分臨時休業の已むなき事と相成申候間茲に謹んで永年の御愛顧を拜謝し併て右御報告申上候
追て準備完成再び營業開始の上は何卒倍舊御愛顧御引立の程偏に奉願上候
敬具
昭和十五年八月二十八日
八丁味噌藏元
合資會社 早川久右工門商店
合名會社 大田商店
殿

八丁味噌休業宣言（昭和15年8月28日）

第二章　十九代　早川久右衛門を継ぐ

混乱の時代に明るい希望

終戦と私の誕生

１９４５（昭和20）年８月15日、戦争は終わった。その年の７月20日未明、Ｂ29爆撃機が岡崎市中心部に焼夷弾《しょういだん》を投下し、死者２００余人、全半焼７０００余戸という甚大な被害をもたらした。岡崎空襲である。

しかし、岡崎城近くを南北に流れる伊賀川の西側は火災を免れ、当社の建物も無事だったので、当時の生産器材や昔の道具、古文書などは今でも残っている。空襲によって地域の史料を保存していた建物も焼失してしまったので、当社の所蔵している古文書の類は、岡崎地域の歴史を伝える貴重な遺産となっている。

この頃には大きな地震も発生した。１９４４（昭和19）年12月には東南海地震、終戦の年の1945年1月には直下型の三河地震が起こり、岡崎もひどい揺れにみまわれた。

余震もしばしば襲ってきたため、早川家の家族は味噌の仕込みに使用する空の木桶を横にして、地震小屋として中で何日も雑魚寝したと聞く。またその後、そのまま防空壕にも用いていたようだ。

終戦から5年後の1950（昭和25）年10月18日、18代久右エ門と妻三千枝《みちえ》の間に、私・早川純次《じゅんじ》が誕生した。混乱の続いていた暗い時代の中での私の誕生は、父と母にとってとても明るい話題だったと思う。

後の2006（平成18）年10月、私は19代目「早川久右衛門《はやかわきゅうえもん》」を襲名した。「久右衛門」は代々継いでいく名前である。父「久右エ門」と私「久右衛門」で使用する文字が異なっていることについては、次のような事情があった。

初代から伝えられていたのは「久右衛門」だったが、江戸末期の岡崎藩主の本多忠民《ほんだただもと》に久姫様が誕生し、この時、「久」の付く名前は改名するようお触《ふ》れが出た。そこで、14代から16代の早川家当主は「休右衛門《きゅうえもん》」(※)を名乗った。

私の祖父である17代から元に戻した時、「久右衛門」ではなく「久右エ門」で届け出て、18代の父もこれを用いたが、19代の私の代になって、本来の「久右衛門」に改めたというわけである。

※私の叔父によれば、16代休右衛門はハイカラであったようで、いつの頃からか「衛」を日常的にカタカナの「エ」で表記していたという話もある。

幼い頃の私

最初の風景

味噌造りと一体の暮らし

私の生まれた戦後は、一般にはまだ貧しく、食糧事情の厳しい時代という印象は強いが、物心のついた頃には、私の周辺には食べ物に困るような光景はなかった。

当社敷地内には果物の木や竹やぶ、畑があり鶏もいて、春になるとタケノコを食べたものだった。竹やぶはもともと、桶づくりに必要なタガ用の竹を調達するためのものだった。私は当社敷地内で育ち、幼い頃には家族5人に親戚家族を加えた大人数で暮らしていた。

当時から、敷地内の居住地部分を「奥」と呼び、味噌の販売に関わる部分を「店」、味噌造りに関わる部分を「蔵」と呼んで区別している。しかし、私の生まれる前は住居のすぐ隣に仕込み場があり、その頃の早川家の家族と従業員は、早川家の住居で食事をともにしていた、と母が言っていた。

そのような、味噌造りと一体になっている暮らしを、私は経験したことがなかった。昭和初期から仕込み工場の建設が始まっていたからだ。

驚くべきことに、工場の整備は、戦時中で経営が厳しくなっていた1941(昭和16)年にも行われた。洗い場を工場に改装したもので、そこへ往還通り(旧東海道)近くの古い工場から一部の機械を移設し、新たに大豆を蒸すための釜や石炭ボイラーなどを導入した。

なぜ、このような時期に設備投資を行ったのかというと、次のような理由があった。戦時体制下で中小商工業の整理統合が行われることとなり、味噌業界では原則として「基本(仕込み)石数一千石以上」を目標に企業の統合が行われることとなった。これに対抗するために、生産能力を向上させ、整理統合を免れた、ということである。祖父である17代久右エ門の執念《しゅうねん》とも言える味噌造りへの強い思いが感じられる話である。

このように、いわゆる家内工業から脱していたので、私の生まれた時には、早川家の住宅から少し離れた所で味噌造りは行われていた。住み込みの従業員がいたという記憶もなく、従業員は近所から通っていたのではないだろうか。

なお、祖父はその他にも、前述のように当社の工場用地の拡大、当社のトレードマークでもある本社屋の建設を行った他、地元では岡崎市議会議長を務めるなど活躍していた。しかし、昭和の始めから晩年にかけては、息子2人の早すぎる病死や戦時下の価格統制など多くの苦難が重なった。洗い場を改装した新工場に大きな期待を持っていたが、この工場で最初の豆麹《まめこうじ》が出来上がる直前に、3回目と思われる脳卒中で1941年10月19日に58歳という若さで亡くなってしまった。祖父の弟（私の叔父）勇治《ゆうじ》は、改装工場でできた最初の豆麹を棺に納めて手向けとしたと聞く。

五千石祝いをして盛大に祝った最も輝かしい時代と、最も苦しい時代の両方を経験した祖父の繋いだ歴史。私はこういった先祖の苦労を胸に、いつも先祖が見守ってくれていて、ともに生きているような感覚の中、会社と向き合っている。

わが祖父、17代早川久右エ門

岡崎城と八丁味噌

岡崎城ゆかりのソテツと用材

私の幼い頃、敷地内の北側の一部は酒卸組合や青果市場に貸していた。そこには酒瓶がたくさん置いてあったし、青果物を運ぶマツダのオート三輪が頻繁に出入りしていた。

青果市場の北側には八百屋、魚屋、仏壇店などの小売店が並んでいたが、国道1号線の拡張工事に伴い、移転していった。

当社の東側に流れている早川は、今のようなセメントで固められている護岸《ごがん》ではなく、雑草の生い茂る土手に挟まれていて、いかにも自然な川らしい川だった。

岡崎市内には、「名鉄岡崎市内線」が走っていた。モータリゼーションの発達で廃線となったが、市電は地域観光の目玉として再評価されており、「あれが残っていれば」と思うこともある。

岡崎公園はすぐ近くにあったが、毎日の遊び場ではなく、家族と出掛けていく場所だった。子どもの頃には動物園があり、サルの檻の中に指を入れたら、サルに指を強くつかまれたという痛い思い出もある。

岡崎藩との縁があったためか、わが家と岡崎城の関係にはいろいろなものがある。

1873（明治6）年の維新政府による廃城令で、国内の多くの城が取り壊されることになり、家康公の生誕の地である岡崎城もその対象になった。城下とその周辺に暮らす人たちは、心の支えともいうべき城が失われることを深く悲しんだことだろう。

わが先祖も、せめて思い出となるものが欲しいと思ったのか、岡崎城の用材をもらい受け、早川家の建物の一部に使用した。その際、使用しなかった用材3本は後に、再建された岡崎城に私の父が寄贈し、現在も展示されている。城の庭園に植えてあったソテツと牡丹《ぼたん》ももらい受け、当社敷地内に移植して、今も元気に生きている。

岡崎城の天守は1959（昭和34）年に再建されたが、当時岡崎商工会議所の副会頭を務めていた私の父は、岡崎城復元協議会のメンバーのひとりとなっている。

かつて岡崎城の庭園に植えてあったソテツ

幼い頃の味噌造りに関する記憶

忘れられない音や悪戯

早川家の住まいと仕込み場が別々になっていても、仕込み場や味噌蔵はすぐ近くにあり、味噌造りはいつも身近な所にあった。

いつの頃かは定かではないが、幼い頃、父に連れられて味噌蔵へ行き、仕込み作業を見ていた記憶が残っている。

大きな六尺桶《ろくしゃくおけ》に豆麹と塩と水を入れ、足袋《たび》を履いたふたりの男（ちなみに、昔はこのように味噌造りを行う者を「味噌人《みそろく》」と呼んでいた）が、味噌の中の空気を抜くために踏み固めていた。当時、大豆は俵にくるんで運ばれてきたので、木桶の中にわらくずが残っていることがあり、それを見つけると、踏むのを中断して取り除いていた。

桶の上から見ていた私は、大人よりも先にわらくずを見つけ、「あそこにある。ここにもあるよ」と大きな声で指摘していた。子ども心に、踏み込み作業を手伝っている気持ちになっていたのだ。

学校へ行く時も、工場の風景を見ながら出かけていった。印象深く記憶に残っているのは、大きな円形の電動のこぎりが置いてあった「大工小屋」で、そこでは樽や木桶を作っていた。

昔は仕込み用の六尺桶も、桶師が常駐していて、いちから自前で作っていたと聞いているが、この時は販売用の味噌を入れたりする小さな樽を作ったり、傷んだ六尺桶を組み直していた。

桶のタガに使う細く裂いた竹のトゲなどを取るために、小刀《こがたな》で竹の角をこする作業をしていたが、その時のシュッ、シュッという音を聞きながら登校した。

大工小屋の側《そば》には、何のためのものだったのかよく分からないのだが、5メートル四方の浅いプールがあった。

水は汚れていなかったので、暑い日には子ども同士で入って遊んでいた。私はここで、泳ぎや潜りを覚えた。

プールにはゲンゴロウやアメンボウも棲みついていた。プールのすぐ横が、仕込んだ味噌の上に載せる重石の置き場になっていたのも覚えている。

小学校の高学年になった頃だろうか。マツダの軽自動車規格の四輪車が工場敷地内に置いてあったので、構内でこっそり乗ってみたことがあった。うまく運転できなくて溝に落ちてしまい、この悪戯《いたずら》はすぐに終わった。

六尺桶に豆麹と塩と水を入れる仕込み作業

磯のアワビ

流されず地に足を付ける

父すなわち18代久右エ門は、私の生まれた1950（昭和25）年の12月から1961（昭和36）年3月まで岡崎商工会議所の副会頭を、同年4月から1970（昭和45）年3月まで会頭を務めた。

こういう父であったから、工場で味噌造りに専念しているというよりは、出掛けていくことが多かった。

このため、味噌造りは工場長はじめ他の人に任せていたが、仕込みの時に用いる塩水の塩加減は、自分で行うことにこだわっていた。片手桶に水を汲み、ブリキの道具で塩をすくってその中へ落とし、塩水を作るのだ。

父は酒好きで、いつも銀の徳利《とっくり》で晩酌をしていた。私の祖父である17代久右エ門の愛用していたもので、酒が冷めにくく、おいしいのだという。親戚も酒好きが多く、夕食に酒は欠かせなかった。血は争えないというが、自然と私も酒をたしなむようになった。

酒を飲む時、父はよく八丁味噌をつまみにしていた。それだけ、味噌好きだったのだ。会頭などの役職に就いていて旅行することが多かったので、こういう時には八丁味噌を写真のフィルムケースに入れて持ち歩いていた。

それを真似《まね》て、私も台湾旅行へ持っていったことがあった。円卓を囲んで料理を待っている時、フィルムケースを出して八丁味噌をなめると、隣の人が欲しいという。

手渡すとそのまま円卓を一周していき、私の所へ戻ってきた時にはケースは空になっていた。日本人だけでなく、台湾の方の舌にも八丁味噌がよく合うのだと感動した。

父から教えられたことのひとつに、何代前の当主からかは分からないが、代々受け継いでいる「磯《いそ》のアワビであれ」という言葉がある。

アワビは岩にしっかりくっついている。だから、大波が来てもさらわれることはないし、硬い殻で身を守っているので、食べられてしまうこともない。「隣の芝生《しばふ》は青く見える」というが、あっちが良い、こっちが良いと、他の人の影響を受けてふらついたり、時代の波に流されたりしないで、しっかり岩にくっついているアワビのように、ひたすら本業の味噌造りに専念すべきだという教えであり、父同様に、私もこの教えを大切にしている。

仕込みのための塩水を作る父（中央）

戦後の苦境の中で

販売網再整備で変化に対応

戦時中から終戦直後は、当社の長い歴史の中で最悪の時期だった。価格統制を受けたり、統制解除後も原料の大豆を入手しにくい状況が続き、八丁味噌を造りたくても、造ることができなかったからだ。仕込み蔵や仕込み桶など、多くの生産器材が遊休《ゆうきゅう》状態にあるのを目にして、当主であった父はどういう思いでいたのだろうか。

だが、嘆き悲しんでばかりいるわけにはいかなかった。従業員を抱えているので、収入を得る必要があったからだ。このため、保有している器材を活用して、漬け物や佃煮などの製造販売を行った。

統制解除後に買い入れた大豆で仕込んだ八丁味噌が市場に出回り始めたのは

1952（昭和27）年だが、この年に出した新聞広告には「当分の間は本店だけで小売」という文言が添えられている。伝統製法の八丁味噌は熟成に2年以上の期間が必要であることに加え、少しずつ大豆が手に入るようになってきたものの、量はまだ少なく、味噌の在庫がすぐに底をついてしまい、お客さまの要望に十分応えることができなかったからだ。

資金繰りにも苦しむ状態は、昭和40年頃まで続いた。

そんな中、取引先からの相談があり、合わせ味噌の「赤出し味噌」を開発し、1957（昭和32）年に発売した。当社の八丁味噌に米味噌を加えて作ったものので、八丁味噌に甘味がないのに対し、まろやかな甘みがあり、八丁味噌になじみのない方にも受け入れられやすい味だったのかもしれない。1934（昭和9）年から当社で働いてくれていた服部守《はっとりまもる》さんが赤出し味噌の責任者となり、最初の試作から製造設備の設計に至るまで大奔走したと聞いている。

赤出し味噌はすぐに業績回復につながるわけではなかったものの、販売開始から徐々に売り上げを伸ばしていった。

戦後の市場の変化に対応するため、販売網も再整備していった。

まずは地元の市場を固める必要があり、1955（昭和30）年に「名古屋営業所」を開設し、1968（昭和43）年には「名古屋支店」に格上げした（現在は整理統合のため名古屋支店は閉鎖し、本社に集約させている）。

赤出し味噌の発売で関係がより深くなった関西では、1970（昭和45）年に「大阪営業所」を開設した。特約店は大阪や京都に加え、神戸、姫路、広島へ広がっていった。

また、関東の有力問屋に特約店になってもらい、1958（昭和33）年には親睦を深めるために「東京カクキュー会」を結成した。現在は役割を終えてはいるが、当時は取引先の方々を招いて年に一度、ゴルフや食事会を開いていた。

昭和 27 年正月の初荷の日

修業のための就職

新興企業の活力目の当たり

大学を卒業した私は1974（昭和49）年4月、東京都江東区高橋に本社を構える「天龍《てんりゅう》」という食品問屋へ就職した。

当社のみならず、同族会社ではよく行われていることだが、いずれはカクキューを継ぐことになる私に、まずは他の企業で仕事を経験させ、世の中の厳しさを教えるのが目的だった。

修業先の候補としては何軒かあったようだが、最終的にはカクキュー営業部長の戸田正二《とだしょうじ》さんが天龍に決めてくれた。

創業者で社長の米澤義槌《よねざわよしつち》さんは、天竜川上流の上伊那郡中川村の出身とのことで、それが「天龍」という社名の由来なのだろう。

米澤社長は戦前から酒類の販売をしていたが、戦後に全国の味噌をはじめとした食品全般を扱うようになり、神奈川、千葉、埼玉県内にある卸売市場内を中心に、次々に営業所を設け、総合食品の卸売業者として事業を拡大していた。

これが創業者というものなのか、米澤社長は早川家の人間にはないおもしろい持ち味の人だった。私は社長の息子の英樹《ひでき》さんと年齢が近いこともあって、親しくしていた。

私が天龍を辞めた後も交流は続いていて、英樹さんが社長に就任してから訪問した時には、英樹さんがお茶を出してくれた。また、「社長がトイレ掃除をすると会社が伸びる」と言ってトイレ掃除もしていた。

社長自らがお茶汲みやトイレ掃除をする光景を目にして、とても感動したことを今でも覚えている。

大学を出てすぐの就職であり、会社勤めをすることにも、給与をもらうことにも新鮮な喜びがあった。初任給を手にした時はうれしくて、音楽鑑賞用のスピーカーを購入したのを覚えている。

このように、戦後に成長してきた天龍は、新興企業としての活力に溢れていた。これを私に経験させることが天龍を選んだ戸田さんのねらいだったのかもしれないが、その目論見《もくろみ》はもろくも崩れ去ることになる。

大学生の頃の私（右、上高地にて）

苦い経験から得た教訓

体壊し健康の大切さ実感

天龍で携わったのは、神奈川、千葉、埼玉県内の卸売市場内にある営業所へ、商品を運んでいく仕事だった。

本社には大きな倉庫があった。ここからトラックに商品を積み込み、トラックに同乗して、各地の営業所へ向かうのだ。

現地へ到着すると、店長の指示に従って積み荷を降ろしていき、卸市場内では運搬車の運転も行った。

始めのうちは張り切っていたが、何しろ慣れない力仕事なので、すぐに腰を痛め、足の親指もしびれてしまった。それでもコルセットを巻いたりして仕事を続けていた。

仕事が終わってへとへとな体で寮へ帰ると、先輩たちの麻雀が始まり、部屋にはタバコの煙が充満した。私は少しでも早く寝たかったので、麻雀には参加せず布団に入ったが、ワイワイ騒がしい灯りのついた部屋ではなかなか眠ることができなかった。

現在のように禁煙が当たり前の時代ではなかったので、私も大人の仲間入りをしたような気分で、一日に数本ではあるが、タバコを吸い始めた。タバコを吸いながらコーラを飲むとおいしいので、ついつい飲み過ぎてしまい、食生活も乱れがちだった。

慣れない肉体労働で体を酷使《こくし》しているのに加え、学生時代からの不摂生《ふせっせい》がたたって、ついに体を壊してしまった。病院で受診したところ、腎臓を悪くしていると診断され、とうとう耐えられずに東京の親戚の家へ逃げ込んだ。

急にいなくなってしまったので、天龍の専務さんにひどく叱られた。私を預かっている専務さんにしてみれば怒りは当然なので、私は謝罪し、体の状態を説明した。

理解が得られた私は、就職してからわずか3カ月後の6月にやむなく天龍を辞め、すぐに岡崎市民病院へ入院した。

病院での治療が終わってからも、しばらくは家で体力の回復に努めていた。家で養生《ようじょう》しながら、毎晩、家の仏壇に向かって体が良くなるよう祈っていた。

社会人一年生の私にとっては、苦い出来事だったが、同時に健全な生活を送る大切さを身をもって経験できた貴重な出来事でもあった。それから、食べ物に気を使うようになっただけでなく、添加物の少ない食品づくりを推進するよう絶えず心掛けている。

天龍の社員旅行で行ったソウルにて

カクキューへ入社

私だけでもあいさつしよう

1975（昭和50）年4月、私はカクキューへ入社し、まず経理の仕事を覚えた。本来は真っ先に味噌造りを学ぶべきだったのかもしれない。しかし、カクキューは江戸時代初期から続く伝統製法で味噌造りをしているので、力仕事がたくさんある。

例えば、味噌全体に均等な力が加わるよう、味噌を仕込んだ木桶1本に対して約350個、総量にして約3トンの重石を手作業で円錐状に積み上げなければならない。中には60キロ以上の重石もある。なおかつ、地震が来ても崩れないほどしっかりと、丁寧に積み上げていかなければならない重労働である。

このような力仕事は、「体を壊して体力が回復したばかりなので難しいのでは」という周囲の判断から、まずは経理の仕事から始めることになったという訳である。

経理部門は親戚筋の金子《かねこ》清《きよし》さんが仕切っており、金子さんから経理伝票、科目の仕訳、手形、小切手など、経理の仕事を教わった。その後、父方の叔父である早川《はやかわ》徹造《てつぞう》さんに教わり、請求書や納品書の作成など受注にも携わった。

これから仕事を覚える見習いの立場にいたが、そんな私の目から見ても「これはおかしいのでは」と思うことがあった。そのひとつは、取引先のお客さまが来ても店の誰もが「いらっしゃいませ」のあいさつをしないことだ。

重石の石積みの修得には少なくても10年の経験が必要と言われるなど、職人の活躍する世界ではありがちなことかもしれないが、客商売に携わる者としては明らかにおかしな態度であり、取引先の方から「カクキューは殿様商売だ」と言われたこともあった。

しかし、社長の息子とはいえ、新参者《しんざんもの》の私が先輩のみなさんに向かって「あいさつをするように」と注意するのはさすがに気が引けた。だから、「せめて私だけでも」と決心し、お客さまがやって来ると大声であいさつすることにした。

ひとりだけあいさつし続けるのは、自分だけが浮いているようで辛いものはあったが、このような社風を変えていきたいと強く思っていたので、勇気をもって続けていった。

長年にわたって染みついてきた体質を改善するのは難しく、時間はかかったが、あいさつする人は少しずつ増えていった。

石積みの修得には少なくても10年の経験が必要と言われている

体質改善への試み

まず意識を変えることから

このような古い体質を改善していくための試みには、その後も挑戦していった。

ある日、本社屋の前をひとりの営業担当者が掃除をしていた。その人だけにやらせておくわけにはいかないと思い、私も本社屋の前のごみ拾いを始めるようになった。

その私を見つけ、「私がやりますよ」と言って手伝ってくれた社員もいたが、自発的に清掃活動をしようとする人はなかなか現われなかった。

この時の経験から、ひとりで掃除をしているだけでは、人々の意識を変えることはできないということを、私は学ぶことができた。

そうであるのならば、環境の美化は組織的に行う必要がある。そう考えるようになった私は、1993（平成5）年に社長に就任した後、工場の改善活動の基本であり、整理、整頓、清掃、清潔、躾《しつけ》の定着を推進する「5S活動」を開始した。

また、そのほかにも天龍の英樹さんが実施していたことも導入した。中元や歳暮の時期になると、主に社長の所へたくさんのギフトが贈られてくる。天龍ではそれらを社長一家がもらうのではなく、抽選で社員に配っていた。「これはいいことだ」と思い、カクキューでも実施することにした。

業務にコンピュータを導入することも提案した。きっかけは、徹造叔父が受注を一手に引き受けていたことだった。

販売先は問屋もあれば小売店もあり、取引高などによって単価が異なってくる。単価を知っているのは叔父だけなので、叔父がいないと注文を受けることができない。それでは困るので、私は「コンピュータを導入しよう」と言ったのだ。

新しいことには反対がつきものだが、最終的には了解が得られ、オフコンと言われていた頃のＮＥＣのコンピュータを導入した。

ＮＥＣから紹介してもらったシステム会社の構築してくれたシステムが稼働すると、得意先番号と商品番号を入力すれば単価が表示されるようになり、徹造叔父がいなくても注文に対応できるようになった。

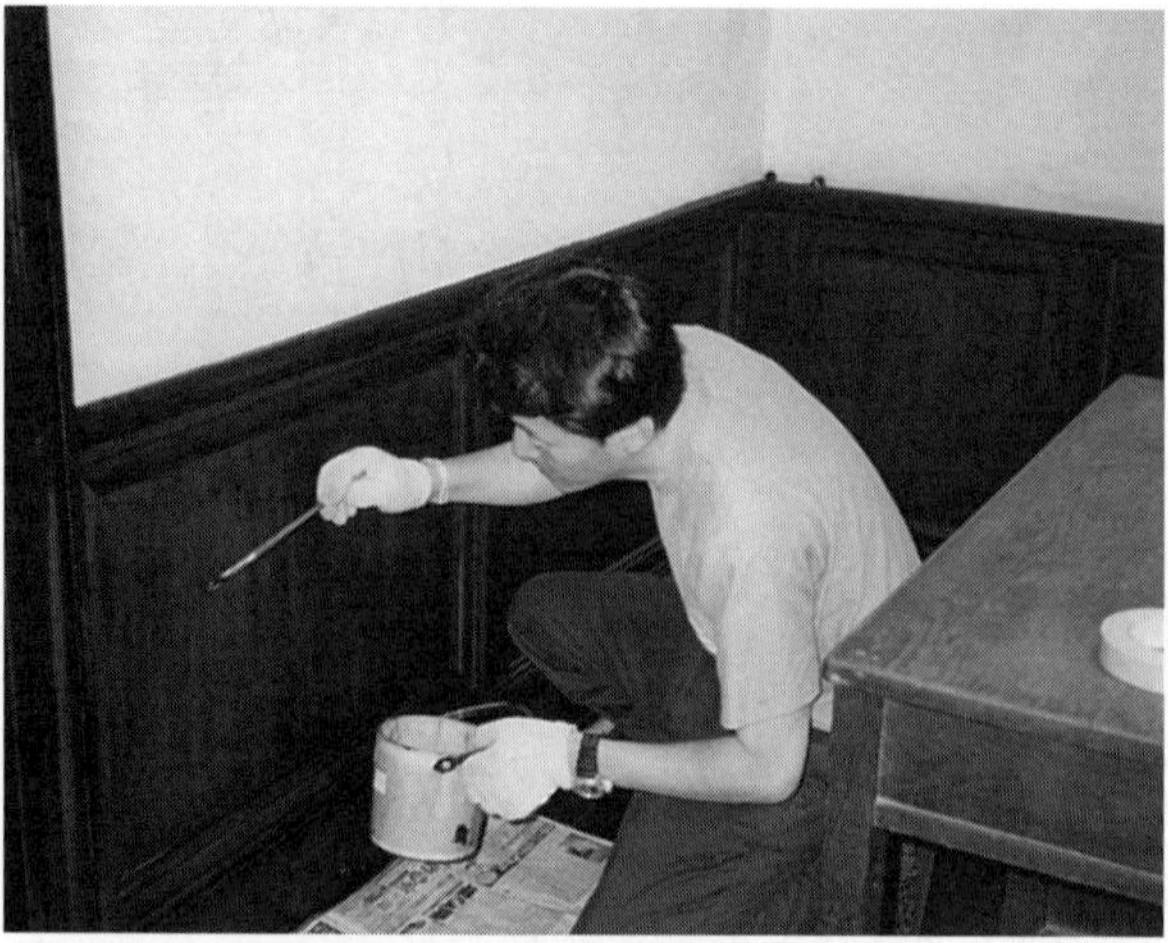

5S 活動をする私

資金繰りと結婚式

定められた運命なのか

1978（昭和53）年4月、社長室長という役職をいただいた。戸田さんが、「そろそろ肩書が必要では」と考え、用意してくれたポストだった。

経営全般を理解するには、まずはお金の流れを把握すべきとの配慮によるものなのか、やがて資金繰りを行うようになった。

不渡りを出してはいけないというストレスで、後頭部に10円ハゲもできてしまった。その時は、友人の鍼灸師《はりきゅう》に八丁味噌のお灸「味噌灸」をやってもらった。ハゲのできたところに八丁味噌を塗り、その上にもぐさを載せて火をつけるのだ。この味噌灸のおかげか、10円ハゲのところには無事、毛が生えてきた。

1979（昭和54）年は、人生の転機の年だった。当時は「男性は30歳までに結婚すべきだ」と言われていて、私もそうすべきだと常々考えており、29歳のこの年に婚約した。

当社も会員になっていた東海志《とうかいし》にせの会「あじくりげ」の会合が瀬戸の銘酒「明眸《めいぼう》」の蔵元で開かれた際、行きのタクシーで一緒になったベルンという洋菓子店の女将さんに勧められ、見合いをした。その時会った水野多佳子《みずのたかこ》という人が、やがて私の妻になることになる。

それまでにいくつかお見合いの話をいただいたが、これが赤い糸で結ばれているということなのか、それとも定められていた運命なのか、私は正式に婚約を申し入れた。

当時の私は、「ビートル」や「カブトムシ」の呼び名で知られているフォルクスワーゲンの小型車カブリオレを愛用しており、車で一緒に出かけることが多かった。結納は妻の実家で行われ、名古屋の老舗料亭で、取引先でもある八《はっ》勝館《しょうかん》で祝宴《しゅくえん》をした。

1980（昭和55）年、私は結婚して、最初は国道248号線沿いのアパートに暮らしていた。

結婚当初で思い出すことといえば、12月は仕事が忙しくて、好きなスキーに行けなかったことだった。

当時は土曜の休日が定着する前の時代であり、一週間のうちの休日は日曜日のみだったが、12月はそれさえも返上しなければならないほどの忙しさだった。歳暮用ギフトの箱詰めに追われるからだ。

連日夜の8時や9時は当たり前で、結婚したばかりの妻も手伝った。トラックが毎日、山積みにしたギフトを運び出していったが、1月になって返品されるギフトも少なくなかった。また、このころは、国道1号線の拡幅や、回転式自動製麹装置の導入、味噌技能士の試験が重なり、大変忙しかった思い出がある。

結婚した妻と私

家康館と大河ドラマ

空前のブーム売り子で活躍

現在のように受け入れ体制や見学コースが整っていたわけではないが、私が結婚した頃にはすでに工場見学は始まっていた。

結婚からしばらくして、私たち夫婦は当社の南側にあるマンションへ引っ越した。その窓から、工場見学の様子はよく見ることができた。

人数は多くなかったが、味噌蔵を見たいという人がやって来ると、総務部長の金子さんがメガホンを片手に案内していたのだ。

工場見学は当初、土日は行っていなかったので、せっかく来たのに閉まっているので帰っていく人がいる。そこで、しばらくすると土日も工場見学を受け付けることにした。

その後、観光事業化への転機となる出来事が、続けてふたつやってきた。ひとつは1982（昭和57）年11月、トヨタ自動車の寄付金によって岡崎公園内に歴史博物館「三河武士のやかた家康館」が完成したことだった。

もうひとつは家康館の開館した翌年、NHK大河ドラマ「徳川家康」が一年間にわたって放送され、空前の家康ブームが到来したことだった。

家康公の生まれた岡崎城へ多くの観光バスが訪れ、岡崎城から八丁（約870メートル）の距離にある当社にも多くの人が訪れるようになった。突然の忙しさに人手が足りなくて、私も売り子として頻繁に駆り出された。

この頃はまだ専用の売店がなかったので、本社屋の横で販売していた。畳一枚ぐらいの大きさの台車数台に商品を載せ、十間蔵《じゅっけんぐら》という蔵の中で待機させておき、観光バスが到着すると蔵から出して、本社屋の横まで運んでゆき、販売して、お客さまが帰ると、再び蔵の中へ台車を移動させるのだ。

また、工場案内前に15分間のビデオ映像も観ていただくようになった。

見学のお客さまが来られると、時には私自身も出迎え、最初に甲子蔵へ案内する。蔵には高さ2メートルほどの所に大型テレビが据え付けてあり、テレビの前には椅子が並べてあった。床に放射状の線が書いてあり、お客さまが来られる時に、その線に沿って椅子を並べるのだ。映像は父のあいさつから始まり、味噌造りなどを紹介するものだった。バスの帰る時は、バスに入ってマイクで御礼のあいさつをしていた。

台車に商品を載せ、本社屋の横で販売

史料館の建設

浪費だと反対の声

カクキューの現在の見学コースは、本社屋の説明、味噌の袋詰め工場、史料館、味噌蔵の見学、味噌汁とこんにゃく田楽の試食で構成される（2020年から流行した新型コロナウイルス対策の関係でこんにゃく田楽の試食提供は一時中止になった）。

見学コースや史料の展示は、ふたつの幸運によって実現した。

ひとつは、戦時中の八帖町に焼夷弾が投下されなかったことだ。そのおかげで、古い蔵や本社屋、昔から使われてきた道具類、帳簿を始めとする記録類は、焼失を免れることができた。

もうひとつは、歴代の久右衛門が、歴史や伝統を重んじる人たちだったことだ。このような思いを受け継いできた私の父と母も、歴史的遺産を大切にする人だった。

価値があるようには見えなくても、残しておけば歴史的価値が生まれてくる。その時代に起きた出来事の背景を探ったり、文化の変遷、日々の暮らしを知る貴重な手掛かりになるからだ。

母は、それが自身に課せられた義務とでもいうようにして、古いものを整理し、保存に努めていた。

そういった両親を見てきた私も、昔から当社にある古い史料はもちろんのこと、日常業務の中で、普通ならすぐに捨てられてしまうようなものでも、何十年後、何百年後には、当社にとって歴史的な意味を持つだろうと思われるものは、保存する習慣がついていた。

また、1978（昭和53）年末には『新編岡崎市史』編纂《へんさん》のための専門家による調査が始まった。調査が進み、江戸時代の味噌屋の経営状態が明らかにされるにつれて、早川家に残されてきた物の史料的価値が評価されるようになってきた。

ちょうどこの頃、1907（明治40）年に建てられた「大蔵《おおぐら》」や、江戸時代末期に建てられた「大黒蔵《だいこくぐら》」という味噌蔵の傷みが、1959（昭和34）年に起きた伊勢湾台風による被害をきっかけに激しくなっており、修理をしたいと考えていた。

さらに、せっかく修理するのであれば、社内に分散している史料を1カ所に集めてきちんと保管する場所として利用したい、史料をお客さまに見ていただくための場所にしたい、と考えた。

しかし、当時はまだ歴史遺産にお金をかけて残すという考え方は浸透していなかったので、私の発想は単なる浪費だとして、反対の声が上がった。

歴史的資料を展示している史料館

史料館への強い思い

貴重な歴史遺産を伝えたい

味噌蔵を修理して、私の望むような本格的な史料館を作り上げるには、多大な費用がかかる。投じた資金は回収する見込みがない。となれば、単なる道楽だとして反対の声が上がるのも、無理はないと思う。

反対した者は、私の希望をかなえると同時に、コストが少なくてすむ方法として、大がかりなものを作るのではなく、ミニチュアの制作を勧めた。

しかし、私の意思は固かった。そこには費用対効果というような発想はなく、優れた歴史遺産を分かりやすく展示して、できるだけ多くの人に見てもらいたい、昔の味噌造りを知って欲しいという、純粋な思いしかなかった。

私は反対意見を押し切って、「大蔵」を改装した本格的な史料館の建設に着手することになった。大蔵はその名の通り、当社最大の蔵であり、史料館にするのに最適である。（余談ではあるが、大蔵は私の祖父が８０００円（当時の額）で建てたと聞いている）

ただし、そうは言っても、反対意見がある中で、一度に大金を投じることはできなかったため、今月は何円までなどと上限金額を決めて、蔵の修理から史料館の形を作り上げるまで、何年もかけて取り組んだ。また、大蔵と同様、傷みの激しかった大黒蔵の修理については、大蔵と同時に修理する予算が無かったため、やむなく延期することにした。実際の修理は２００２（平成14）年ごろから取りかかった。

史料館の内部のデザインに関しては、当時、岡崎市内に店のあった松坂屋さんに依頼した。

史料館では、等身大の７体の人形を用いて昔ながらの味噌造りの製造工程を再現した。人形の制作業者も松坂屋さんが探してくれた。

ちなみに、すべての人形は実際に顔の寸法を測るなどして、当時の社員の顔に似せて作られており、仕込みに使用する塩水を作っている職人は、私の父、18代久右エ門である。人形の制作には1体90万円ほどかかってしまったが、実物大で作ることで当時の製造工程をよりリアルに再現できたので、値段以上の価値はあると思っている。

こうして史料館は完成し、1991（平成3）年12月1日にオープンした。史料館には、現在も本物と同様に石積みされた木桶が展示されているが、これは史料館オープンにあわせて、当時の職人が実際に積んだものだ。

もちろん、接着剤などは一切使用していないが、約30年経った今でも、崩れることなく、当初と同じ形で維持されている。10年修業した職人のみがなせる石積みの技である。

等身大の７体の人形で昔ながらの味噌造りを再現

産業観光を事業の柱に

史料館が大きな力を発揮

史料館の完成から2年後の1993（平成5）年6月、私は社長に就任した。私は産業観光に本格的に取り組み、多くのお客さまに「八丁味噌」を知っていただくとともに、収益の柱のひとつとするために、この年の4月に新たに売店を開設した。それとともに、それまで工場案内や直売を担当していた総務部から案内・売店業務を独立させ、専門の部門として「サービス小売部」を新設した。

現在のような規模ではなく、売店は社員4～5人とアルバイトスタッフで運営していた。当初は現在のような試飲・試食は見学コースには含まれていなかったが、ごまを加えた八丁味噌の焼き味噌を提供するようになり、その後、味噌屋なのでぜひ味噌汁を提供したいという私の強い希望で、2002(平成14)年11月から見学の最後に味噌汁を提供するようになった。

全国の卸業者や小売店へ販売する商品は営業部で扱っているが、見学に来ていただくお客さまには現地ならではの特別感を感じていただきたいとの思いから、売店では極力売店専用の商品を販売することにした。

さらに、全国からお客さまに来ていただくために、各地の旅行会社などを回り、集客のための活動を行った。

近年では、自治体や旅行会社も産業観光に力を入れるようになってきており、周囲の反対を押し切って作り上げた史料館が、ここで大きな力を発揮することになった。

一方で、旅行会社のツアー行程に当社を入れてもらうにあたり、新たな問題が発生してきた。それまでは水曜日を定休日にしていたが、旅行会社が旅行を企画するうえで、定休日の存在が問題になることが分かってきたのだ。そこで、1996（平成8）年ごろに定休日を廃止した。

来場者数は順調に増えていき、やがて年間10万人を超えるまでになっていく。同年12月20日には、本社屋と史料館が愛知県で初の国の登録有形文化財に登録され、産業観光を推進する大きな支えになった。

1998（平成10）年は、売店を開設してから5年目の節目の年であり、来場者の増加に対応するため増築した。

2004（平成16）年6月には売店の横に食事処を開設し、同年7月には、産業観光と通信販売を行う「株式会社八丁味噌の郷」（平成27年7月1日より「株式会社カクキュー八丁味噌」となった）を設立した。現場の指揮は部長の西尾くんにお願いした。

それまで経験の無かった産業観光という異分野へ足を踏み入れ、新しいビジネスモデルを作り上げられたのは西尾くんの功績であり、現在は安藤さん、柴田くんをはじめとしたスタッフが引き継いで頑張ってくれている。

観光産業に大きな力を発揮するようになった史料館（大蔵）

「純情きらり」効果

想定外の混雑、近隣から苦情

２００５（平成17）年からの2年間は、わが社の産業観光にとって驚異的な年だった。多くの方々に注目を浴びる出来事が重なったからだ。

ひとつは、２００５年に中部国際空港セントレアが開港し、続いて愛知万博が開催されるなど、中部地区への人気が高まったことだった。

続いて２００６（平成18）年4月から9月までＮＨＫ朝の連続テレビ小説「純情きらり」が放送され、カクキューの味噌蔵がロケ地のひとつになったことだった。当社の従業員5人もエキストラとして参加させていただいた。

１９８９（平成元）年より、当社の味噌桶は高さ70センチ程の架台に乗せているが、純情きらりの時代設定は昭和初期であったため、台を隠す必要があった。どうやって隠すのだろうと思っていたところ、ＮＨＫの美術スタッフさんは木で高く床を組み立てて見事に台を隠していた。その他にも、木桶のタガが鉄製のタガになっているところは、ウレタンで昔ながらの竹のタガ風のものを作って上から被せたりしていて、感心して見ていた。

撮影スタッフとの打ち合わせには私の母も参加し、母は当社や早川家の歴史を話していた。戦時中の価格統制の話（前述）や、海軍から八丁味噌が認められた話（後述）などがドラマの中で紹介され、私は先祖の当時の苦労を改めて思い、涙があふれてきた。

「純情きらり」効果には大きなものがあり、放送された年の年間来場者数は過去最高の35万人となった。１日の来場者数も記録的なものになり、もっとも多い日には観光バス88台、３５２４人もの見学者に来場いただいたが、想定を超える人数に十分な対応が追い着かず、苦情が出るほどの混雑ぶりであった。

このように、2005年からの2年間は、わが社の観光事業にとって良くも悪くも激動の年となったが、同時に悲しい年でもあった。

2005年11月28日に、父が89年の生涯を閉じたからだ。

父は三男坊でかわいがられて育ったが、2人の兄が若くして病気で亡くなったため、家を継ぐことになった。統制経済で味噌造りができないというもっとも厳しい時期を乗り切ってきたが、酒好きの明るい性格は生涯変わらなかった。

私のダジャレ好きな性格は父譲りで、ある時、「空桶《からおけ》」と「カラオケ」を掛けて「カラオケは苦手」とダジャレを言ったことがあったが、偶然にもその数日後、資料を整理している時に私の父が「歌えるのは君が代くらい。カラオケはいかん。カラ桶にしとくと、桶の傷《いた》みがぐんと早くなる。ワッハッハッハッ……。」と語っている新聞記事（昭和61年9月13日付の名古屋タイムズ）を見つけた。いつの間にか父と同じ思考になっている自分に思わず笑ってしまった。

そして、２００６年10月、私は19代「早川久右衛門」を襲名することとなった。

父との思い出の写真

子どもの頃から言われてきたこと

自分に課せられている使命

私は子どもの頃から、「あなたが跡を継ぐのだよ」と言われて育ってきたので、ずっと「そういうものなのだ」と思ってきた。

だから、1993（平成5）年に社長に就任した時も、2006（平成18）年10月に19代「早川久右衛門」を襲名した時も、これといって特別な何かを感じたわけではなかった。

私はカクキューに入社して4年目の1978（昭和53）年に初めての役職として社長室長になり、それから8年後の1986（昭和61）年に副社長に就任した。

このふたつの役職は、専務の戸田さんに勧められてのものだったが、私が社長に就任したのは、戸田さんに言われたからではなかった。自分から言い出したわけでもないし、父に言われたわけでもなかったと思う。

その時のことについて、はっきり覚えていないのは、何か特別な事情があったわけではなく、1993年6月は父すなわち18代久右エ門が77歳の時であり、ただ年齢を考えてのことだったのかもしれない。

私は社長に就任する以前から、社長としての仕事のほとんどを受け持つようになっていた。だから、引き継ぎのために忙しい毎日を過ごすこともなく、社長就任前も就任後も同じような変わらない日々が続いていた。

ただ、当社の会社組織は「合資会社《ごうしがいしゃ》」であり、厳密に言うと私の役職は「代表社員」である。何があっても会社の全責任を負わなければならない無限責任社員という、言わば会社の保証人の立場だ。

このため、手形や小切手を発行する時には、自分の名前で発行するのと同じことであり、署名捺印《しょめいなついん》する時には責任の重さをじんわり感じたものだった。

また、ある人に「人間は、ここへ生まれてきたいと思って、生まれてくるものなのだ」と言われて、「自分もここ（カクキュー）を選んで生まれてきたのだ」と思い、自身に課せられている使命について認識を新たにした。

新しく納入した木桶の裏側に「十九代早川久右衛門」と書く私

襲名は56歳の誕生日

名前呼ばれてもなじめず

私が「早川久右衛門」を襲名するには、家庭裁判所での手続きが必要だった。

このため、「なぜ名前を変えなければならないのか」を説明するために、父すなわち18代の掲載されているパンフレットや、「早川久右衛（エ）門」と刻まれている先祖代々の墓の写真などを提出した。

しばらくすると、家庭裁判所から電話がかかってきた。

父すなわち18代は「久右エ門」であるのに、私すなわち19代は「久右衛門」で申請している。なぜ「エ」と「衛」というように違っているのか、と質問されたのだ。

そこで翌日、資料をそろえて家庭裁判所へ赴き、名前の表記の変遷については前述した（69ページを参照）が、次のように説明した。

「もともとは『久右衛門』であったものが、14代から16代の時に訳あって『休右衛門』となり、元へ戻そうと考えた祖父すなわち17代が役所へ届け出る時、『衛』を『エ』と略してしまったため、17代と18代は2代続けて『久右エ門』となっていたが、これを本来の『久右衛門』に戻したいのです」

名前を変えることは、一般的には許可を得るのが難しいが、代々襲名しているという事実を証明することができたため、無事、襲名の許可を得ることができた。

2006（平成18）年10月18日、56歳の誕生日を迎えた。この日、私は岡崎市役所の戸籍課へ襲名の届け出を行い、19代目「早川久右衛門」を襲名した。自分の生まれた日を襲名の日にしたかったので、この日を選んだのだ。

襲名してから1週間後の10月25日には、襲名の記念として社員に大きな紅白まんじゅうを配った。襲名のセレモニーなどは一切行わなかったが、社員には何かしたいという思いから、私が一人ひとりに手渡した。

襲名してしばらくは、まだ新しい名前になじんでいないので、病院や会合で「早川久右衛門さん」と呼ばれた時、ついつい父が呼ばれていると思ってしまい、自分だと気づいてはっとすることが、しばしばあった。また、病院で名前を呼ばれると、現代では珍しい名前に皆がきょろきょろと辺りを見回すので、恥ずかしくて少し時間を空けてから立ち上がったりもしていた。

社員旅行で皇居を参観

第三章　カクキューの八丁味噌

八丁味噌の成り立ち

八丁味噌は伝統技術の結晶

八丁味噌は、いくつものかけがえのない要因が重なったからこそ成り立っている。

八帖町（旧八丁村）は、矢作川、早川、菅生川《すごう》（乙川《おと》）に挟まれた中洲のような立地であり、こうした湿気の多い風土に棲みつく微生物のもたらす環境が、味噌の味に影響を与える。八丁味噌とは、このような環境に適応して、昔ながらの木桶仕込み、天然醸造で長期間熟成させる味噌のことだ。

江戸時代から行われてきたように、今でも木桶を使い続け、大豆と塩のみを原料に6トン仕込み、その上に約3トンの重石を職人の手によってていねいに、円錐状に積み上げている。この状態で温度調節をしない蔵の中に置き、季節ごとの気温の変化にまかせて二夏二冬（2年以上）天然醸造で熟成させることで、特有の味や香りが生まれる。

重石に用いる石は、矢作川の上流から運んできたものであり、重石の積み方はお城の石垣の積み方である「野面積《のづらづ》み」とよく似ている。

数年前から岡崎城郭の石垣の発掘調査がなされ、1644（正保元）年の完成と伝えられてきた菅生川端石垣が、良好に残存することが初めて確認された。全長約400メートルで、切れ目のない直線的な石垣城壁としては日本最長級だという。

カクキューの創業は1645（正保2）年であるため、家康公生誕の岡崎城の石垣と八丁味噌の石積みには、何らかの関わりがあるのではないかと思う。

八丁味噌の製法は、私の幼い頃に大将をしていた富川清《とみかわきよし》さん（通称きいさん）や、その後を継いだ黒田和男《くろだかずお》さん、岡本弘《おかもとひろし》さん、そしてさらにその後を継いだ竹内徹《たけうちとおる》くん、川西辰明《かわにしたつあき》くんを始めとした蔵人《くらびと》たちが守り伝えてきてくれた。しかし、八丁味噌を守り続けているのは私たちだけではない。木桶作りの職人が必要であり、木桶の材料を調達するには、植林から伐採までの100年単位の森林管理が必要である。さらに、材料加工の技術を受け継いでいる製材所がなければならない。

こうしたさまざまな伝統技術の結晶として、八丁味噌は造られ続けてきたし、伝統の技術は一度途切れると再生が困難になる。カクキューでは毎年、木桶を作ることにしており、微力ではあるが、こうした取り組みが文化を守ることになると自負している。

しかし、このような地道な取り組みは、商品を一見しただけでは分かりにくいところもあるため、商品の成り立ちや背景について、多くの方に知っていただきたいと思っている。

カクキューの西側に流れる矢作川

伝統あるブランドの危機

知名度高い〝名称〟使いたい

岡崎市八帖町には当社「カクキュー」と「まるや」の2軒の味噌蔵があり、江戸時代初期から八丁味噌を造り続けてきた。

互いにライバルとして品質を競い合ってきたが、2005（平成17）年4月13日、岡崎市や岡崎商工会議所などの後押しを受けて、「八丁味噌協同組合」を設立した。

設立の第一の目的は、地元に育まれ、地元に愛されてきた八丁味噌の味と伝統を後世に伝え続けていくことだった。当時は、岡崎の2社は愛知県の組合である愛知県味噌溜《たまり》醤油工業協同組合にも属していた。

現在、岡崎の2社は江戸時代から守り続けてきた「八丁味噌」の名称を使えなくなる危機に直面している。危機の根源は、知名度の高い「八丁味噌」という名称を2社以外の味噌メーカーも名乗りたいと考えるようになったことだった。

その動きは具体化していき、八丁村で守り続けてきた伝統の製法を用いていなくても、「愛知県下で造られた豆味噌を八丁味噌と呼ぶことにしよう」という話が進められていった。

そうした動きに対して、「カクキュー」と「まるや」は反対した。八丁村で江戸時代初期から続く製法をひたすら守り続けてきた2社としては、八丁味噌という名前を信頼し、使っていただいているお客さまの期待を裏切らないようにするためには、反対するのが至極当然のことではないだろうか。

このような中、２００６（平成18）年4月1日から商標法の一部を改正する法律が施行され、「地域団体商標制度」がスタートした。

愛知県味噌溜醤油工業協同組合は、岡崎の2社の反対をよそに、この制度を利用するために八丁味噌ブランドを申請したため、私たちは愛知県の組合を脱退せざるを得ない状況となった。

それから紆余曲折があり、八丁味噌協同組合と愛知県味噌溜醤油工業協同組合の双方が、八丁味噌ブランドを地域団体商標に申請することになったため、話はまとまらず、両組合が申請を取り下げる結果に終わった。

明治時代の仕込みの風景

GI問題の始まり

事態は思わぬ方向へ進む

地域団体商標制度の施行から9年後、今度は「特定農林水産物等の名称の保護に関する法律」が2015（平成27）年6月1日に施行され、「地理的表示（GI）保護制度」がスタートした。

八丁味噌協同組合は、施行日早朝から農林水産省に赴き、「八丁味噌」の登録を申請。抽選により、全国の特産品の中で8番目の申請となった。GIは産品の品質や社会的評価が産地と結びついていることと、その産地を特定することができる産品の名称の事であり、それを国が守るというこの制度への私たちの期待は大きかった。

ところが、事態は思いも寄らない方向へ進んでいった。八丁味噌協同組合は、江戸時代から続く歴史と、この地の気候風土が独特の製法と風味を生み出していることから申請の範囲を「愛知県岡崎市八帖町（旧・八丁村）」として申請を行っていた。しかし、農水省はなんと私たちに、生産地を「岡崎市八帖町」から「愛知県全体」に拡大するよう要請してきたのだ。そして、愛知県味噌溜醤油工業協同組合は、八丁味噌協同組合の申請後に別途、ＧＩ登録の申請を行っていた。

ＧＩは、生産地名とそこで生産される産品からなる名称である。八丁村の風土に育まれてきた味噌だからこそ八丁味噌なのに、自然環境の異なる愛知県内のほかの地域にまで範囲を広げなさいという要請は、その意図が理解できず、受け入れることができなかった。

意見の対立が続く中で、学識経験者の意見聴取が行われ、農水省より代理人を介して、このままでは申請を拒絶されそうだとのほのめかしがあり、取り下げるか拒絶されるかの判断を急かされた。

GI保護制度のガイドラインには「地域でまとまらない場合は一方が認められることはない」と明記してあることからも、愛知県の組合が登録されることはないと私たちは思っていたし、申請を拒絶されて江戸時代から続く伝統の八丁味噌の名前に傷がつくのを避けるために、八丁味噌協同組合は申請をいったん取り下げることとした。

その結果、愛知県味噌溜醤油工業協同組合の申請が公示されたため、それに対して八丁味噌協同組合は「登録すべきではない」との意見書を農水省に提出。岡崎市、岡崎商工会議所も提出した。

ところが、農水省は2017（平成29）年12月15日、愛知県味噌溜醤油工業協同組合を八丁味噌の生産者団体として登録したのだ。

驚いたのは同日、農水省の公開する日本とEU（欧州連合）とのEPA（経済連携協定）における農林水産物の交渉結果の概要が更新されており、日本側GIの48産品の中に「八丁味噌　愛知県」とすでに明記されていたことだった。これはつまり、「八丁味噌」が登録される前から、愛知県の組合が登録されることを前提として準備が進められていたということに他ならなかった。

カクキューの旧店舗

行政不服審査請求を提出

地域ブランド守る精神に反する

ＥＵとＥＰＡを締結し、生産地を愛知県全域に広げれば、輸出拡大の可能性は広がるだろう。しかし、売り上げ拡大を第一の目標に掲げるのは、地域のブランドを守るというＧＩの精神に反するのではないだろうか。

産業や企業の存続に売り上げの追求は不可欠だが、だからといって、すでに海外で高く評価され、50年以上前から輸出している八丁村の「八丁味噌」が今後輸出できなくなるのであれば、まさに本末転倒である。

海外で「カクキュー」「まるや」の八丁味噌をご愛顧いただいているお客さまに商品をお届けできなくなる事態は、心苦しく、残念でならない。異なる味や品質の味噌が八丁味噌として流通し始めたら、メイド・イン・ジャパンの信用問題でもある。

ちなみに味噌の分類は、見た目の色で分類する方法（赤味噌、白味噌など）と、原料で分類する方法（米味噌、豆味噌、麦味噌、調合味噌の4種類）があるが、八丁味噌は原料で分類すると、大豆と塩を原料とする「豆味噌」に分類される。

豆味噌は主に愛知、岐阜、三重県で造られてきた。カクキューとまるやの造る、伝統製法の豆味噌を「八丁味噌」と名づけて江戸初期から販売してきたように、それぞれの蔵元が自社で造る味噌にオリジナルのブランド名をつけて販売してきた。

こうした歴史を踏まえれば、愛知県内で造られる豆味噌を「愛知の豆味噌」とするならともかく、「八丁味噌」でひとくくりにするのは明らかにおかしいのだ。

カクキューとまるやは、生産地を広げずに昔から八帖町（旧八丁村）だけで味噌を仕込んでいること、木桶仕込み、職人により重石を円錐状に積むこと、二夏二冬（2年以上）の天然醸造による熟成など、八丁味噌に独自の厳しい規準を設けている。

ところが、農水省の登録した愛知県味噌溜醤油工業協同組合の基準の八丁味噌は、生産地が愛知県であるなら仕込みに人工タンクを使用してもいいし、加温してもよい、重石の形状は問わないし、熟成期間も数カ月でよいという。このような設備さえあればどこでも製造できる味噌を、そもそもGIという制度で守る必要があるのだろうか。

納得できないことばかりなので、八丁味噌協同組合は2018（平成30）年3月14日、農水省に行政不服審査法に基づく不服申立て（行政不服審査請求）を行い、その後、東京・大手町のホールを貸し切り、大手メディアを招いて、記者会見を開いた。「製法や品質があまりにも異なる製品をひとつの名称で販売するのは、消費者に不利益を与える」「このままでは文化を守ることができず、伝統産業が衰退する」と訴え、会見後にはテレビ東京の「WBS」の単独インタビューにも応じ、CBCテレビの「ゴゴスマ」にも取り上げられるなどして大きな反響をいただいた。良くも悪くも忘れられない記憶になった。あんな経験は一生に一度にしたい。

味噌蔵の中での私

広がる応援の輪

登録見直しの署名に9・4万人

カクキューには甲子蔵、新甲子蔵、北蔵、南蔵など複数の味噌蔵があり、敷地内には500本近い味噌桶が並んでいる。数年前から毎年新しい木桶を桶屋さんに作っていただいているが、同時に古い木桶を大切にしてきた。

古い木桶を大切に使い続けているのは、カクキュー独特の微生物が棲みついていて、独特の風味を生み出していると考えられているからだ。昔は木桶や蔵に棲みついている微生物を「ご先祖様」と呼んでいたと聞いている。

現在使用しているもっとも古い木桶は、1844(天保15)年に作られたもので、この木桶で熟成された八丁味噌を社員で試食したところ、「とてもおいしい」という感想が多く出た。これまでは通常の八丁味噌として流通させていいたが、お客さまからのご要望もあり、２０２１（令和3）年1月に「天保桶仕込み 国産大豆 八丁味噌（４００g）」として３０００個限定で販売することとなった。

長年、八丁味噌を育んできたこのような木桶は、大切な財産である。八丁味噌の味は、このような長い年月の積み重ねによって生み出されてきたが、ＧＩに記されている八丁味噌の定義は、受け継がれてきた伝統と文化を守るという発想からは程遠いものであった。

八丁味噌協同組合が農林水産省へ行政不服審査請求を提出すると、八丁味噌をご愛顧いただいている多くのみなさまから、励ましの言葉が寄せられた。岡崎市や岡崎市議会にも素早く動いていただき、２０１８（平成30）年3月22日には市議会定例会において、「利害関係者の合意形成を指導・調整するよう政府に強く要望する」という意見書が採択され、同月27日には内田《うちだ》康宏《やすひろ》市長と加藤義幸《かとうよしゆき》市議会議長が農水省の礒崎陽輔《いそざきようすけ》副大臣に意見書を手渡しで提出した。

続いて5月29日には、「岡崎の伝統を未来につなぐ会」により、GI保護制度の登録見直しの署名活動が始まった。

愛知産業大学の堀越哲美《ほりこしてつみ》学長、愛知学泉大学の寺部暁《てらべあきら》学長、人間環境大学の牧山助友《まきやますけとも》学長、岡崎女子大学の林陽子《はやしようこ》学長というように、4大学の学長が中心となって立ち上げてくださったもので、署名用紙にはこれまでのいきさつが記され、農水省に登録の見直しを求めている。

署名の収集先は、岡崎商工会議所総務部（岡崎市竜美南1の2、電話0564・53・6161）で、これまでに9・4万人を超える署名が集まっていて、今も署名活動はすすめられている。

八丁味噌協同組合の行政不服審査請求は、2021年3月19日に野上浩太郎農水大臣により棄却されたが、今後も変わることなくご先祖様から引き継がれてきた八丁味噌の伝統製法を守り続けていきたいと思っている。

天保 15 年に作られた木桶

徳川家とカクキューの八丁味噌

著名人の味わった「八丁味噌」

現在では、カクキューの八丁味噌は問屋さんを通じて全国へ販売されている。FAXやメールでの注文が主で、昔と比べると受注の流れは効率化している。これに対して江戸時代から戦前、さらに戦後しばらくは、お客さまから直接注文をいただくことが多く、現在と比べると手間がかかっていた。

例えば、料亭から「なじみのお客さまに味噌を送ってほしい」と依頼され、送り先のリストと合わせて添え状が届くと、カクキューからは注文のお礼とともに代金の支払いを依頼し、料亭から振込完了の連絡が届くと、ようやく味噌をお送りしていた。

手紙も手書きなので手間がかかるが、記録として残りやすい環境にあった。

早川家では味噌の販売の記録である帳面とともに、こうした手紙などの記録も捨てずに保存してきた。

近年は流通の発達で、多くのお客さまに商品をお届けできるようになったのはうれしいが、最終的なお客さまの顔が見えにくくなっているのは残念なことでもある。

先祖の残してきた史料を整理していく中で、菊池寛《きくちかん》や山本有三《やまもとゆうぞう》など、著名人の記録がたくさん存在していることが分かってきたため、具体的な内容を調べながら「カクキューの八丁味噌を愛した著名人」と題してホームページへの掲載や史料館での展示を続けている。

２０１５（平成27）年8月2日に、徳川宗家の18代・徳川恒孝《つねなり》様ご夫妻が当社に見学にいらっしゃったことがある。八丁味噌は徳川家康公生誕の岡崎城から西へ八丁（約８７０ｍ）の距離にある、ここ八丁村（現・八帖町）で造っていることや、かつて岡崎藩御用達であったため、日頃から徳川家と八丁味噌の間に御縁を感じていた。また、早川家の先祖が今川義元の家臣であった時に、当時人質であった家康公をどこかで見かけていたのではないかと、夢を膨らませていたこともあり、徳川恒孝様の御来社は大変うれしく、特別な出来事でもあった。当時、史料館では「徳川家達《いえさと》」様の資料を展示していたためご紹介したところ、17代の徳川家正《いえまさ》様が当社の八丁味噌をご愛用されていたというお話を伺うことができた。また、奥様のご出身である「細川家」も「カクキューの八丁味噌を愛した著名人」のリストにあることをご覧になり、大変喜んでいただけた。

徳川家達様へ味噌をお送りした記録など

常磐館とカクキューの八丁味噌

常磐館のご縁で文人に愛される

当社に残る資料を見てみると、作家の方々に八丁味噌をお送りする機会が多かったことが分かる。これはかつて蒲郡《がまごおり》にあった料亭旅館「常磐館《ときわかん》」の存在が大きく影響している。

蒲郡の竹島とその周辺の海岸は、古くから東海地方屈指の保養地として親しまれ、私の父も学生の頃にここでひと夏を過ごし、三河大島へ遠泳をしたと語っていた。明治末期に名古屋の実業家・滝信四郎《たきのぶしろう》氏によってこの地に建てられたのが常磐館である。当時の総支配人である三村三時《みむらみとき》氏の働きによって、大正から昭和にかけて多くの文人が常磐館に宿泊し、1922（大正11）年に発表された菊池寛《きくちかん》の長編小説「火華《ひばな》」を皮切りに、常磐館や蒲郡の美しい海が小説や映画の舞台にもなった。

支配人の三村氏が、当社の八丁味噌を好んでくださっていたようで、当時の常磐館の名物が、八丁味噌を使った「アサリ汁」や「アサリとワケギのぬたあえ」であったという。多くの著名人が八丁味噌を口にしていただいていたと思うと、とても嬉しく思う。

当社は常磐館から、菊池寛をはじめとして山本有三《やまもとゆうぞう》、岸田国士《きしだくにお》、林芙美子《はやしふみこ》、吉屋信子《よしやのぶこ》などへ八丁味噌を贈るよう注文をいただいており、「常磐館仕入部」から「早川久右エ門」へ宛てた注文書など多くの記録が残っている。

そのほかにも、川端康成《かわばたやすなり》、志賀直哉《しがなおや》、尾崎士郎《おざきしろう》、三島由紀夫《みしまゆきお》、与謝野晶子《よさのあきこ》、小津安二郎《おづやすじろう》、丹羽文雄《にわふみお》、吉川英治《よしかわえいじ》、花柳章太郎《はなやぎしょうたろう》など、常磐館や蒲郡にゆかりのある著名人へ八丁味噌を贈った記録など多くの史料を所蔵している。

常磐館は、景勝地《けいしょうち》にある料亭旅館として全国的に知られていたが、世相が大きく変化していく中で建物の老朽化が進んでいき、惜しまれながら1982（昭和57）年に取り壊され、跡地には、1997（平成9）年に「海辺の文学記念館」が建てられた。

なお、1934（昭和9）年に外国人観光客の誘致を目指した国策の一環として滝信四郎氏の寄付金と国の融資によって創業した「蒲郡ホテル」は、当時、常磐館と渡り廊下でつながっており、皇室の方々も宿泊されたという。蒲郡ホテルはその後、建物はそのままに「蒲郡プリンスホテル」、「蒲郡クラシックホテル」と名称は変わっても愛され続けている。現在、蒲郡クラシックホテルでは、常磐館をルーツと考え、今の統括支配人である安川貴也《やすかわたかや》氏が主導となって常磐館の歴史を調査している。

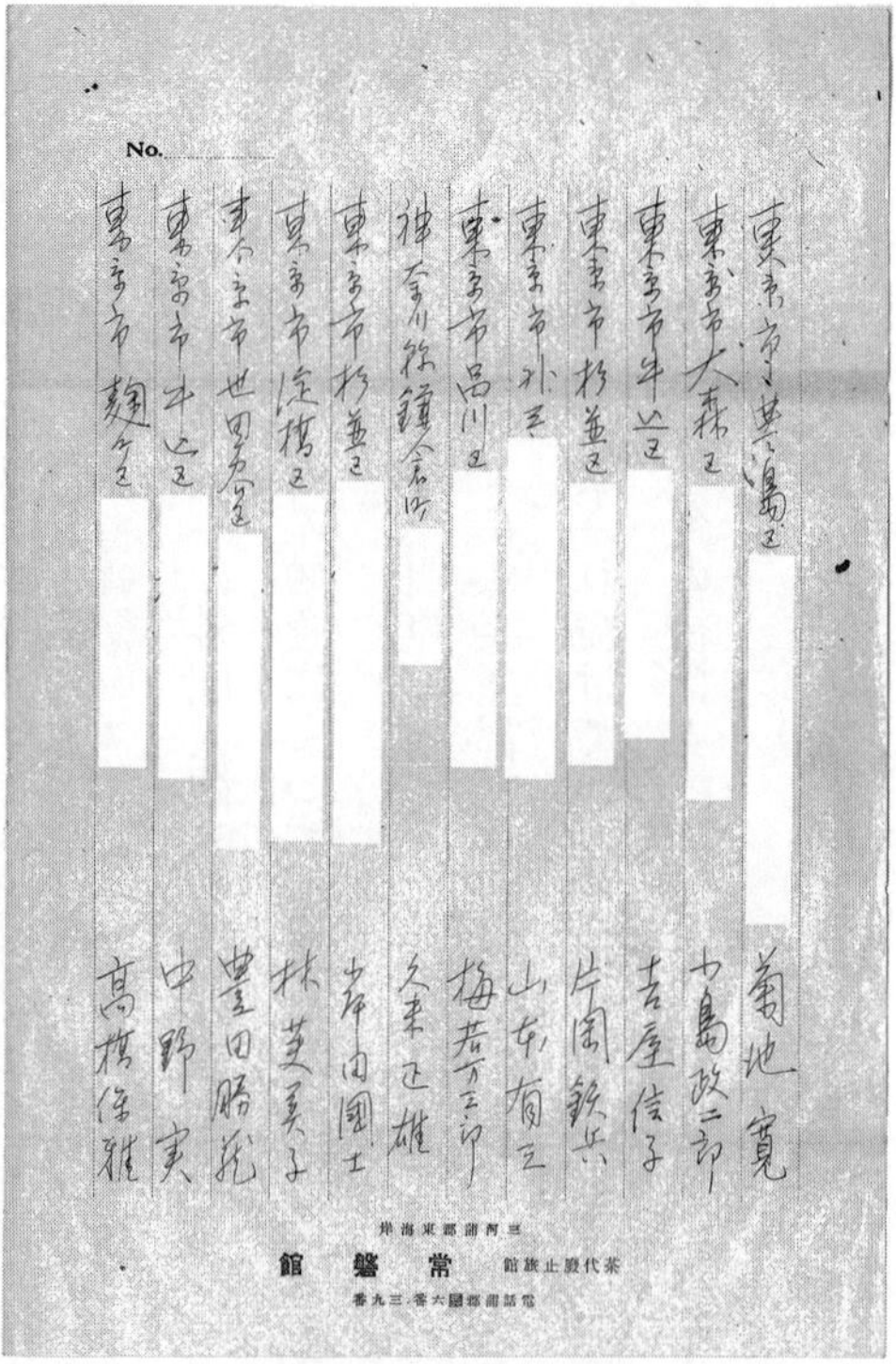
No.

三河蒲郡東海岸
茶代廃止旅館　常磐館
電話蒲郡局六番・三九番

常磐館からの注文書

ご本人からの直接注文も

多くの文人に愛されたカクキューの八丁味噌

常磐館の御縁で多くの文人にカクキューの八丁味噌を愛用していただいていたが、その中でも山本有三は特に当社の八丁味噌をすっかり気に入ってくださったようで、その後、ご本人から直接注文をいただくようになった。

山本有三は1965（昭和40）年に文化勲章を受章された時、記念として著書である「路傍《ろぼう》の石」と「真実一路《しんじついちろ》」に加え菓子を当社に贈ってくださり、著書は今でも大切に保管している。「真実一路」には山本有三から当社への丁寧な言葉が添えられている。

山本有三の座右の銘は「いいものを少し」であり、身に着けるものや食べ物にこだわりをお持ちだったようなので、当社の八丁味噌を気に入ってくださったことは大変うれしい。

また、酒をこよなく愛した小説家、尾崎士郎は、雑誌「酒」に掲載された「私のさかな」という文章の中で、酒を飲む時の好物のひとつに「八丁味噌」を挙げている。尾崎士郎について記されたエッセイにも「酒のおともに八丁味噌をレタスで包んで食べていた」とある。

尾崎士郎は、愛知県西尾市の出身だが、岡崎に下宿して愛知県第二尋常《じんじょう》中学校（現・愛知県立岡崎高等学校）に学び、岡崎で青春時代を過ごしている。尾崎士郎は当社のすぐ近くにあった酒屋に訪れたことがあるようで、もしかしたらその足で当社にも訪れたかもしれない。

なお、尾崎士郎の故郷は当社が江戸時代を通じ取引のあった饗庭《あいば》塩の産地であり、西尾市吉良歴史民俗資料館（吉良饗庭塩の里）では昔ながらの塩田で塩作りを体験することができる。当社は、昔からのご縁として、百年程使用した木桶2本を同館に寄贈し、展示していただいている。

山本有三のお手紙や著書など

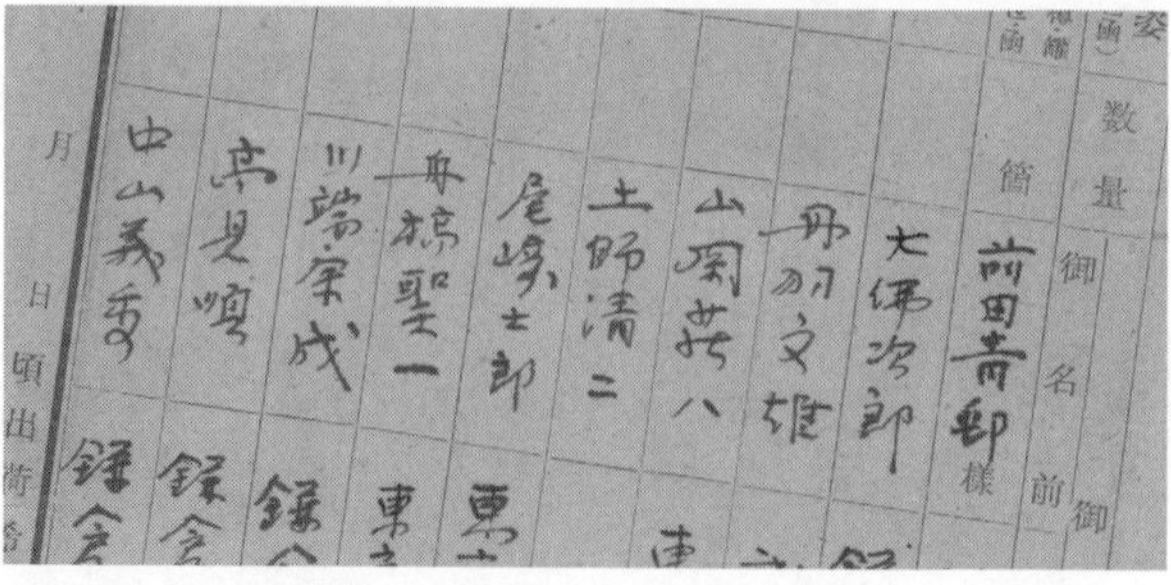

尾崎士郎・川端康成・山岡荘八・丹羽文雄など多くの文人の名前が記載された注文書

私の宝物

〝生き証人〟の建物や機械

当社史料館では、江戸時代からの古文書や看板などを展示しているが、ほかにも大切にしているものがある。それは、先人の築き上げてきた歴史の中でカクキューの生き証人ともいえる建物や古い機械である。

カクキューの本社屋の前には、蒸気機関車の一部にも見える大きなふたつの展示物がある。大豆を蒸すために使用していた「ボイラー」と、石炭を効率的にボイラーへ供給するために設置されていた「ストーカー」の一部である。

前述のとおり、戦時体制下で「小規模の会社を統合しよう」という政府の動きに対抗する狙いで、私の祖父・17代久右エ門が1941（昭和16）年に導入したものだ。

昭和50年頃まで使用されていたが、燃料が石炭から石油、ガスへと変わっていったために使われずにいた。その後、工場を建て直すことになり、ついにボイラーとストーカーも取り壊すという話が持ち上がった。

しかし、私は「保存すべきである」と提案した。私にとってはカクキューの危機を回避した祖父の形見でもあり、壊してしまえばその歴史が忘れ去られてしまう気がしたのだ。

土蔵の保存も、私の人生のテーマのひとつになっている。当社の蔵が並ぶ「八丁蔵通り」（昔は「光圓《こうえん》小路」と呼ばれていた）は、今では岡崎の観光スポットのひとつになっているが、ひと昔前は、お世辞にも観光地とは言えない状態だった。

修行先の天龍で体調を崩し、家へ戻って療養している時、蔵の傷みに気づいて、「これは何とかしなくてはいけない」と思い、30代の頃から少しずつ修理してきた。

今では土蔵を修理できる業者自体が減っているため、業者さんを見つけるのも苦労した。継続的に土蔵を修理していくことは、土蔵の文化や保存技術を絶やさないためにも意義のあることだと思っている。

親戚の家で取り壊されそうになっていた土蔵も、2棟移設した。ひとつは母方の実家にあったもので、2018（平成30）年10月、味噌や愛知の醸造文化を紹介する場所として開館した。母方の実家は400年続く漢方医の家であり、当主が代々「森玄佺《もりげんせん》」の名を襲名していたことから、この蔵を「玄佺館《げんせんかん》」と名づけた。

もうひとつの蔵は、親戚にあたる半田市の榊原八郎《さかきばらはちろう》さんからいただき、八郎さんの名前より、この蔵を「八郎館」と名付けた。元は味噌・醤油醸造業の「入口屋」という蔵元であったが、現在は蔵を活用してモダンなカフェを営んでいる。

本社屋前のボイラー（左）とストーカー（右）

時代を超えて評価される品質

南極でも品質・味変わらず

父から聞いた話だが、太平洋戦争が始まり、南方の戦線にいた友人から「味噌が腐るので困っている」との便りが来た。父は横須賀の海軍軍需部へ飛んでいき、「八丁味噌は水分が少なく、変質しません。使ってみてください」と申し出た。

すると、「海軍御用達《ごようたし》を狙うとは不届き者！」と怒鳴られたが、見本を置いて帰ったところ、後日「味噌に困っているのは軍事機密だぞ」と念を押され、安い値段ではあったが買ってもらうことができた。このエピソードは、NHK朝の連続テレビ小説『純情きらり』のストーリーにも反映された。

このような評価は、戦後の平和な時代にもあった。そのひとつは、日本学術振興会による南極地域観測隊の携行食品に採用されたことだった。

カクキューは1956(昭和31)年9月、八丁味噌の耐暑耐寒試験を受けた。その結果、優秀と認められ、同年11月の予備観測から1962(昭和37)年4月まで、毎回、使用されたのだ。映画にもなり一躍有名となった樺太犬「タロ」「ジロ」のいた時代である。

当時、当社から取引先の方々へお送りしたあいさつ状には「前回御使用の結果『品質・味共に良好』との現地よりの好評を得、本年十月第二次観測の出陣に際しては、他品の携行を減じても味噌だけは増載せよとの現地からの御希望の由《よし》にて、五割増を携行されることになりました」とある。

1962年4月には、第6次南極地域観測隊の吉川虎雄《よしかわとらお》隊長からお礼の手紙が届いた。

わが国の南極観測の拠点である昭和基地が一時閉鎖された時のことであり、

いただいたこの手紙には「長い間皆様のおなじみを頂いておりました昭和基地は、今回の観測をもって一応閉鎖され、今頃は強風にたたかれ、雪にうづもれていることでございましょう」との思いが綴ってある。

また、第8次南極観測隊の隊員で豊田市出身の六峰咲年氏からは、1968（昭和43）年5月5日、ブリザードでえぐられた大小ふたつの「南極の石」を寄贈していただいた。

その他にも、1955（昭和30）年11月にマナスル登山隊の携行食品としていただいたことなどもあり、時代を超え、またあらゆる場面で八丁味噌の品質と味が評価されてきたことは、当社の誇りであり励みになっている。

なお、南極観測隊からいただいた南極の石や感謝状、はがきなどの一部は、カクキューの史料館に展示している。

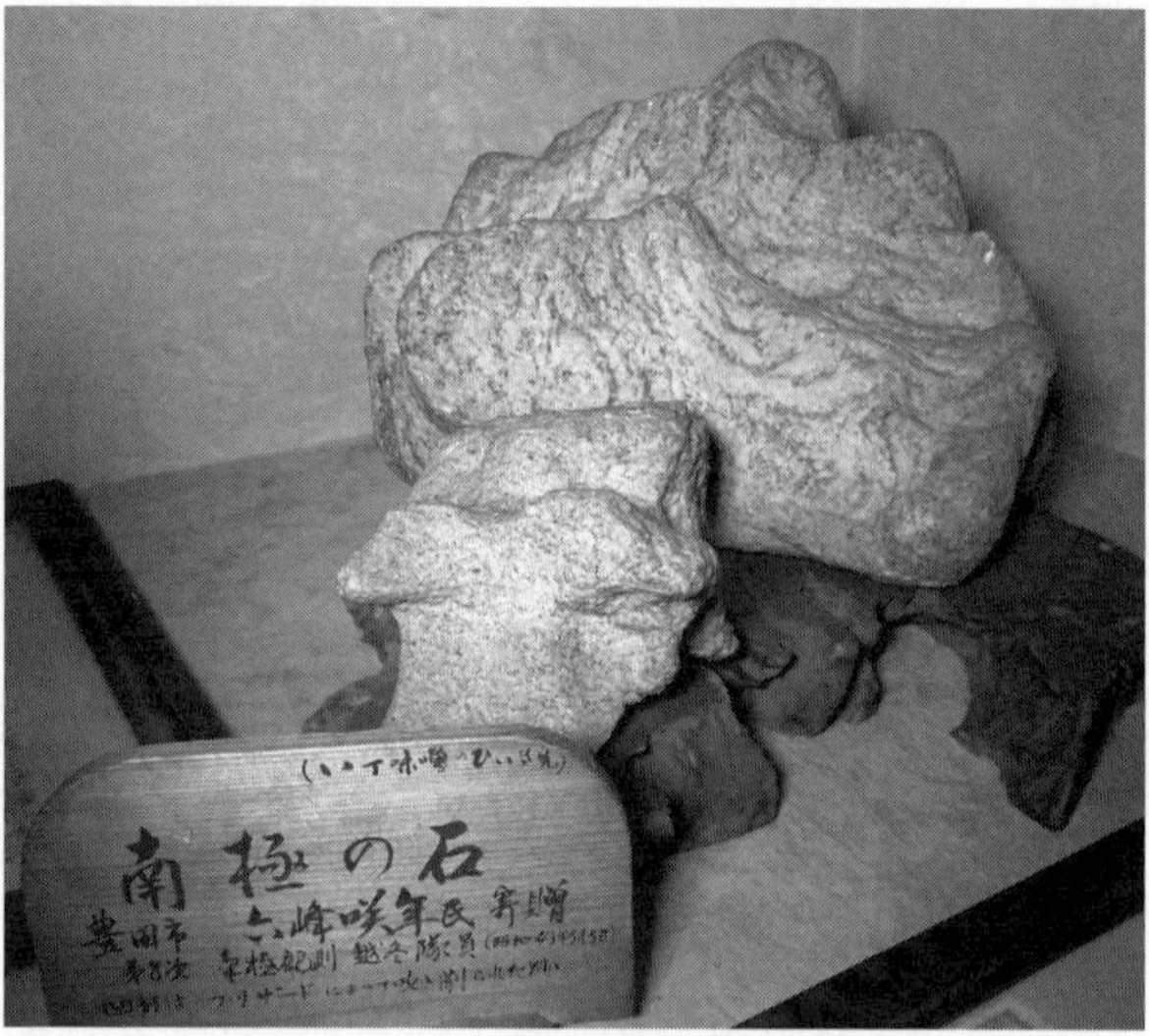

南極の石

宮内庁との関わり

さまざまな名誉な経験

長い歴史と伝統のおかげで、とりわけ名誉な経験をさせていただくことがあり、1984（昭和59）年3月28日には、若き日の秋篠宮《あきしののみや》（礼宮《あやのみや》）殿下が当社にお越しになられた。

学習院高等科地理研究会の春季巡検、すなわち学術研究のためのフィールドワークが行われ、研究先のひとつとしてカクキューが選ばれたのだ。

当日の午後2時20分から3時5分まで、地理研究会部長の岡崎博之先生をはじめとする39人の方々に、味噌蔵や工場を見学していただき、その中のおひとりが秋篠宮殿下だったのだ。案内は、当主であった父18代久右エ門が行った。

当社を訪問するとの連絡は、半年ほど前にあった。宮さまに失礼があってはならないので、さっそくお迎えするための準備に取り掛かり、お通りになられる通路の砂利道を舗装したり、本社屋のトタン屋根を銅板に葺き替えたりした。ご訪問の様子は、史料館に当時のお写真を展示し、本社屋の前には秋篠宮殿下の御来社記念碑を建立した。

２０１５（平成27）年９月18日には「ヒゲの殿下」の愛称で知られる寬仁親王《ともひとしんのう》殿下の妃で、また、第92代内閣総理大臣麻生太郎《あそうたろう》氏の末妹でもあられる信子《のぶこ》妃殿下もお越しになられた。信子妃殿下は料理本を出されるほど、食に精通されていて、信子妃殿下自らが当社を見学されたいとおっしゃってくださったようだった。八丁味噌のおみそ汁を「コクがあり美味しい」とおっしゃってくださり、とてもうれしかったことを覚えている。

その他にも、史料館にはその生涯が小説やテレビドラマ化もされ「天皇の料理番」として広く知られるようになった秋山徳蔵《あきやまとくぞう》氏の資料も展示している。

秋山氏は大正、昭和の58年間にわたって「主厨長」、すなわちコック長を務められた方で、１９５３（昭和28）年にはカクキューまで足を運んでいただいている。

宮中の料理に携わるだけでなく、日本における西洋料理の普及にも尽力された方で、著作物も多く「秋山徳蔵選集第二巻」の「豆みそ」の項で、八丁味噌について「大豆の麹を使うもので、その名のとおり豆だけでつくる味噌である。八丁味噌がその代表的なもの。（中略）保存はものすごくきくから、すこしばかり常備しておいて、舌の楽しみにするとよい。」と紹介していただいている。

当社の八丁味噌は、前述の通り１８９２（明治25）年から宮内省への納入が始まり、１９０１（明治34）年に正式に宮内省御用達の許可を得た。昭和時代には宮内庁の秋山徳蔵氏宛に味噌をお送りした記録が残っている。

宮内庁御用達の制度は１９５４（昭和29）年に廃止されたものの、現在も当社の八丁味噌を御愛用いただいており、私は毎年、年の始めに宮内庁大膳課へごあいさつにお伺いしている。

信子妃殿下と私

食と産業の神様に感謝の気持ち伝える

「正直なものづくり」を誓う

幸運というものは、いつどこからやって来るか分からない。2013（平成25）年は20年に一度の式年遷宮《しきねんせんぐう》の年であり、当社の社員から、「記念すべき年なので、伊勢神宮へ八丁味噌を奉納してはどうだろう」と提案があった。

奉納できたらいいなと思っていた時、どこから回ってきたのか、三重県外の食品業者でも奉納することができるという情報が届いたのだという。

直接ではなく、市役所または商工会議所を通じて申し込むものであったため、岡崎商工会議所に意向を伝えると、「岡崎からの奉納はカクキューさんが初めてです」とのことだった。

外宮には、食と産業の神様である豊受大御神《とようけおおみかみ》がお祀りしてあり、自然の恵みへの感謝とともに、「正直なものづくり」への誓いを立てるのがこの奉納である。

参加企業は全国からあったが、奉納献納団の代表としてカクキューが選ばれた。江戸時代初期から歴史と伝統を重んじて八丁味噌を造り続けてきたことが認められたのかもしれない。

奉納の儀式は4月20日に行われた。まず最初にリハーサルがあり、そこで伊勢神宮の方から2礼2拍手1礼の正しい作法を教わった。

その後、奉納する産品をそれぞれの企業が掲げながら、一列になって儀式の行われる神楽殿《かぐらでん》へ向かった。私は八丁味噌を奉納した後、代表として豊受大御神へ感謝の気持ちを伝えるとともに、これまでの歴史を基に味噌造りを続けていくことを誓う「宣誓書」を読み上げた。

「過去の時代には、計り知れない苦労と困難がありましたが、先人の並々ならぬ苦労や努力もさることながら、八丁味噌そのものの力が大きかったと信じております。今後も、こうした歴史を基に基礎調味料である味噌を造り続ける事を、ここに決意をもって宣誓致します」。この宣誓書を腕まくりして書き綴ったことを今でも鮮明に覚えている。その後、神楽殿へ上がり神聖な気持ちで巫女の舞を拝見し、正宮《しょうぐう》で参拝した。

外宮北御門広場では20、21の両日、「外宮奉納市」が開催され、試飲試食や販売、全国各地の特産品が当たる抽選会、伊勢音頭の披露など、盛りだくさんなイベントが繰り広げられ、2日間で7500人が訪れた。

宣誓書を読み上げる私

ザ・ブック・オブ・ミソ

海外で起きた和食ブーム

味噌の歴史は古く、鎌倉時代に一汁一菜、すなわちご飯、おかず、汁物という和食の形ができてからは、味噌汁はいわば汁物の中心的役割を担ってきた。

長い間、日本人の命を支えてきた味噌だが、米国を中心とする欧米の文化や価値観が怒涛のように流入してきた戦後は、味噌に対する評価がさまざまに揺れ動き、日本人は塩分を取り過ぎているので食生活を改善しなければならないとして、醤油とともに味噌が敬遠された時期もあった。

日本人の食生活の洋風化が進んでいく時期と重なっていたことも、この動きに拍車をかけた。１９７０年代になると、食生活の洋風化の流れの中で米国のレストランチェーンが進出してくるなど、ファミリーレストランが全国で展開された。

ところが、ファミリーレストランの絶頂期に海外において和食ブームが起こり、以後、日本でも和食が見直されるようになっていく。

一汁一菜には800年の歴史があり、長い時の流れとともに、日本人の体が米や大豆を中心とする食生活にふさわしいものになってきたのだとすれば、日本国内における和食ブームは単なる流行の反動ではなく、本来の姿に戻る動きと見るべきなのかもしれない。

医学的な見方も常に変わり続けるものらしく、私がカクキューへ入社した当時、味噌は塩分が多くて健康に悪いという見方が一般的だったが、味噌の研究が徐々になされるようになり、健康的な食品として世間で評価されるようになっていった。

今では海外でも「MISO　SOUP」として味噌汁が飲まれるようになっ

たが、味噌が海外で認知される大きなきっかけになったのは、１９７６（昭和51）年9月に米国で出版された『ＴＨＥ ＢＯＯＫ ＯＦ ＭＩＳＯ（ザ・ブック・オブ・ミソ）』ではないかと思う。

著者である食品研究家のウィリアム・シュルトレフ氏とイラストを担当した妻の青柳昭子《あおやぎあきこ》氏は、１９７４（昭和49）年4月11日にカクキューへ初来社し、各地の味噌の研究を続けて出版に至った。

世界の食糧危機から味噌の種類・栄養的価値・歴史や調理方法まで、味噌に関する詳細な解説がなされており、カクキューについては1ページ目に大きく当社の石積み桶のイラストが描かれているとともに、宮内省御用達や八丁味噌が南極地域観測隊に用いられたことなど、多くの話題を取り上げていただいている。

アメリカで出版された本『THE BOOK OF MISO』

食品販売業者から注文急増

『THE BOOK OF MISO』の出版は、著者のウィリアム・シュルトレフ氏とカクキューの貴重な出会いであった。

シュルトレフ氏の取材対応をした当社総務部長の金子さんは、シュルトレフ氏について「あらゆる努力を傾倒して調べ上げる人。本の内容は至れり尽くせりで、日本にもあれほど調べた本は少ない。日本人が読んでも役立つ」と言っていた。

カクキューはシュルトレフ氏との出会いによって、味噌を切り口として描き出される壮大な世界観にふれることができた。シュルトレフ氏が味噌についての研究を開始した最大の動機は、世界を覆っている食糧危機問題だったからだ。

米国は世界に冠《かん》たる大豆の生産国だが、その大部分は家畜の飼料に用いられている。そして、米国人は家畜の肉や乳を食糧として多く摂取している。

大豆を家畜の飼料にするのではなく、直接摂取すれば、食糧危機を回避する大きなカギになる。ところが、米国人は大豆の持つ本当の価値を知らないし、大豆をおいしく食べる方法も知らない。

さらに、肉を中心とした米国式の食生活は、しばしば高血圧や心臓病などの好ましくない結果をもたらすが、味噌などの大豆食品を多く摂取していれば、そうした問題を回避することができる。

そこで、東洋の伝統的な大豆文化を学び、タンパク質の豊富な大豆を原料にした味噌を欧米にも普及させようというのが『THE BOOK OF MISO』を著わした動機だった。

シュルトレフ夫妻は書籍を出版しただけでなく、大型ライトバンで米国全土を巡回し、豆腐や味噌を普及させるための活動を繰り広げていった。

この結果、日本の味噌への関心が広がっていったのだろう。カクキューでは、米国の食品販売業者からの八丁味噌の注文が急増していった。

八丁味噌は、それまでにも米国へ輸出されていた。主に在留邦人用のものだったが、これに加えて、米国人のための輸出が始まっていったのだ。この変化はやがて、カクキューの味噌造りにも新たな展開をもたらしていくことになる。

シュルトレフ夫妻（『THE BOOK OF MISO』より）

オーガニックに取り組む

伝統製法のおかげで認証をスムーズに取得

カクキューには１９６８（昭和43）年12月にアメリカ・ボストン市のエレホン商事会社から八丁味噌の取引開始要請が寄せられていた。

当社の八丁味噌が米国経済紙ウォール・ストリート・ジャーナルの１面トップで紹介されたことや、『ＴＨＥ　ＢＯＯＫ　ＯＦ　ＭＩＳＯ』の出版を機に八丁味噌の輸出が増えてきたことも後押しし、１９８７（昭和62）年5月から有機の八丁味噌の仕込みを開始した。

その後、海外の有機認証を取得し、２００６（平成18）年に国内の有機認証を取得した。

有機認証の取得は難しいと言われているが、天然醸造・無添加という昔ながらの製法を頑《かたく》なに守り続けてきたことが幸いして、比較的スムーズに取得することができた。

これといって製造手順に変更を加えることはなく、強いて言えば有機原料を調達することと、有機ラインに切り替えるための洗浄を行うことくらいだった。

有機認証を取得するには、食品の安全性を証明するために、原材料の栽培から調達・加工・製造・流通に至る過程を追跡していくトレーサビリティーのための記録が不可欠だが、カクキューは昔から仕込帳によって原材料を徹底管理してきた歴史があり、これもクリアすることができた。

ただ、有機認証を継続するためには、適切に管理していることを記録で示すとともに、定期的に第三者による審査を受ける必要がある。この審査を受けることについて当初は苦労したが、その後の品質管理には役立った。

オーガニック＝有機とは、農薬や化学肥料を使用しないことに止まらず、自然環境に配慮することにより、自然や環境を守るという考え方を含んでいる。

私は、できるだけ環境負荷を低減して自然を守り、環境に配慮した製品造りをしたいと考えており、これはカクキューが代々引き継いできたものづくりに対する考え方でもある。

私は20年程前から、ボイラーの天然ガス化やソーラーパネルの設置を行っており、エコに対する行動は比較的早かったのではないかと思う。

有機認証の他にカクキューではコーシャの認定も受けている。コーシャは旧約聖書の戒律に基づいたユダヤ教の食の規定で、毎年、原材料や製造工程などの調査を受けている。今ではユダヤ教徒に限らず、安全性を保証する認証としても認識されている。

江戸時代からの帳簿類

地域の生活文化そのもの

有機の八丁味噌の販売は、国内より海外向けが多く、オーガニックへの取り組みの盛んな海外で高く評価されている。これに続いて、海外でも注目を集めている商品がある。2011(平成23)年に発売した「八丁味噌のパウダー」だ。

八丁味噌には特有の旨味があるため、汁物として食されるだけでなく、料理の味を深める天然のうま味調味料としても用いられてきた。

しかし、八丁味噌は水分が少なく硬いため、日頃使っていない方には抵抗感が強い。これを解消できないだろうかと考え、インスタントコーヒーにヒントを得て開発したのが八丁味噌のパウダーである。

発売当初は、世間で粉末状の味噌がまだ認知されていなかったこともあり、売れ行きが良いとは言えない状況だったが、次第に認知されるようになり、料亭やレストランなどの料理人のみなさまからも「使いやすいし、料理がおいしくなった」という、うれしい反響がたくさん寄せられるようになった。

2015(平成27)年には海を越え、パリでプロモーションを行うと、著名なレストランの料理長から絶賛していただいた。

当初は業務用のみだったが、翌年12月には家庭用も発売し、一般家庭でもカレーなどの煮込み料理の隠し味やお菓子作りに使用されるなど、用途は広がりを見せている。私の父が、カメラのフィルムケースに八丁味噌を入れて持ち歩いていたように、私はカバンに八丁味噌のパウダーを忍ばせて、あらゆる料理にかけて楽しんでいる。手前味噌だが、合わない料理を探すのが大変なくらい、何でもおいしくしてくれる。

私は学生の時、食生活の乱れから腎臓を傷めてしまった。この時、身をもって感じたのは、昔から造り続けられ、長年食されてきた食べ物がいかに大切かということだった。あの時病気になったことは、今思えばカクキューの当主としての物の考え方を正しい方向へと導いてくれた大事なきっかけであり、必然だったのではないかと思う。伝統を守り続けるということは、会社の利益だけを追求していては決してできず、計り知れない苦労を伴うことである。

しかし、「早川久右衛門」の名に恥じぬよう、先人がそうしてきたように、この先も困難を乗り越え、伝統を守り抜いていく覚悟でいる。

味噌造りとは、それぞれの地域で生まれ、固有の風土に育てられてきた日本の文化そのものであり、伝統の八丁味噌を造り続けることは、かけがえのない日本の文化を守ることでもある。地球環境や社会はめまぐるしく変化しているが、人類の続く限り、100年先、200年先もこの地で八丁味噌を造り、愛され続ける存在であることを願ってやまない。

カクキューの暖簾の前で

あとがき

私は八丁の地で生まれ、八丁の地で育ちました。そして今も八丁の地で暮らし、最後の日もこの八丁の地になると思います。

ある人が「人間は、ここへ生まれてきたいと思って、生まれてくるものなのだ」とおっしゃっており、私も自らこの家・この会社を選んで生まれてきたのだと思いました。ここ数年、その意味が少しわかってきたような気がします。それは、ご先祖様の思いを感じることが年々強くなってきたからです。

15年前にNHK朝の連続テレビ小説「純情きらり」が放送されました。NHKの朝ドラとしては初めて愛知県が舞台となり、さらに岡崎の八丁味噌が物語の場所に選ばれました。戦前・戦中・戦後の八丁味噌の職人達や早川家の暮らしぶりがドラマに忠実に反映され、主人公と同じ時代を生きた私の母もピアノを弾いていたこともあり、わが社と父や母、ご先祖様を物語に重ねて観ておりました。

この頃はちょうど「八丁味噌」のブランド問題の顕在化する出来事が起こっており、さらに両親が相次いで他界するという悲しく辛い時期でもありました。そういったときにドラマのロケ地として注目されたことは、自らを奮い立たせる大きな力になりました。

そして昨年の令和2年、純情きらりの再放送が始まりました。地理的表示（GI）保護制度の「八丁味噌」のブランド問題に加えて、新型コロナウイルス感染拡大という壁が立ちはだかってきたこの時期に再放送が始まったということは、単なる偶然ではなく、ご先祖様が応援してくれているのだと思い、将来への希望を持つことができました。

昨年10月に喜寿を迎え、残り30年余で何をすべきかと考えると、伝えるべき味噌造りの技術と大切な建物や史料、そして「久右衛門」の名前が浮かびます。いつもお客さまや従業員、ご先祖様、八丁味噌を育む麹菌たちに感謝して、味噌文化に貢献してゆきたいと思っております。

この書籍の出版にあたり、当社の野村健治くん、早川昌吾くん・ちかこさん、後藤公子さんにご協力をいただきました。ありがとうございました。「八丁味噌の日」である8月3日に出版できたことを心よりうれしく思います。また、最後までご愛読いただき誠にありがとうございます。

令和3年8月吉日

筆　者

改元記念集合写真

カクキューの歩み

和暦	西暦	カクキュー・早川家	社会・周辺・その他
永禄3	1560	今川義元に仕えていた早川家の先祖・新六郎勝久は義元の死後、武士をやめて寺で味噌造りを学び、名を久右衛門と改めた	
慶長6	1601		八丁村に東海道が通った
寛永11	1634		三代将軍・徳川家光の上洛に合わせて土橋だった矢作橋が板橋になった
正保2	1645	八丁村で創業	
天明年間	1780年代	江戸・日本橋に売捌所を開設	
安政2	1855	早川家の由来を書いた「早川氏庭榎の碑」が建立された	
安政4	1857	江戸役人による記録「三河美やけ」に当社が記載された	
明治1	1868		明治維新
明治10	1877		（2月）西南戦争
明治11	1878		（12月）八丁村は東隣の松葉町と合併し、八帖村となった（大正6年から八帖町）

明治25	1892	宮内省への味噌納入が始まった	
明治27	1894		（7月）日清戦争（〜明治28）
明治34	1901	（12月）宮内省御用達が許可された	
明治37	1904		（2月）日露戦争（〜明治38）
明治40	1907	大蔵（現・史料館）完成	
明治44	1911	ドイツのドレスデンで開催された万国衛生博覧会で3等賞受賞	
大正3	1914		（7月）第一次世界大戦（〜大正7）
大正9	1920	（9月）17代久右エ門が岡崎市議会議員に当選し、直ちに議長に選ばれた	
大正12	1923		（9月）関東大震災
大正13	1924	（6月）前年度の大豆仕込み量が5000石を突破したのを記念し盛大に「五千石祝い」を開催	
昭和2	1927	（11月）本社事務所（現・本社屋）が完成し、業務開始	
昭和6	1931		（9月）満州事変
昭和7	1932	（3月）個人商店から合資会社に変更。合資会社早川久右エ門商店となった	

昭和12	1937		（7月）日中戦争（～昭和20）
昭和15	1940	（8月）統制令で八丁味噌の製造販売が困難となり、まるやと2社共同で「休業宣言」 （9月）八丁味噌の製造を休止（～昭和25年）	
昭和16	1941	洗い場を改装した新工場完成	（12月）真珠湾攻撃
昭和18	1943	海軍から味噌の大量注文が入った	
昭和19	1944		（12月）東南海地震
昭和20	1945		（1月）三河地震 （7月）岡崎空襲 （8月）終戦
昭和25	1950	（10月）早川純次（後の19代久右衛門）誕生	（4月）味噌の統制解除
昭和27	1952	統制解除後に仕込んだ最初の八丁味噌を出荷	
昭和28	1953	（2月）宮内庁の主厨長・秋山徳蔵氏がお越しになった	
昭和30	1955	（6月）名古屋営業所を開設 （11月）マナスル登山隊に八丁味噌が携行食品として使用された	
昭和31	1956	（11月）南極地域観測隊に八丁味噌が携行食品として使用された（昭和37年までは毎回）	

昭和32	1957	赤出し味噌を発売	
昭和34	1959		岡崎城が再建された （9月）伊勢湾台風
昭和38	1963	（9月）社名変更（「合資会社早川久右エ門商店」⇒「八丁味噌カクキュー合資会社」）	
昭和39	1964		（10月）東京五輪
昭和43	1968	（1月）名古屋営業所を支店に格上げ （12月）アメリカ・ボストン市のエレホン商事会社から取引開始要請がきた（戦後の本格的輸出のはじまり）	
昭和45	1970	（5月）大阪営業所を開設	（3月）大阪万博
昭和46	1971	（1月）米国経済紙「ウォールストリートジャーナル」に掲載された 輸出が軌道に乗った	
昭和51	1976	（1月）回転式自動製麹装置導入	（9月）米国で『THE BOOK OF MISO』発売
昭和55	1980	（3月）ホテルナゴヤキャッスルにて挙式	

昭和56	1981	（10月）社名変更（「八丁味噌カクキュー合資会社」⇒「合資会社八丁味噌」）	
昭和57	1982		（11月）岡崎公園内に歴史博物館「三河武士のやかた家康館」が完成
昭和58	1983	（1月）本格的に工場見学受け入れを開始	NHK大河ドラマ「徳川家康」放送
昭和59	1984	（3月）秋篠宮殿下がお越しになった 我が家が建った	
昭和61	1986	（5月）味噌は放射能障害に効果があるという説（秋月辰一郎医師の著書による）が広まり味噌の出荷量が激増	（4月）チェルノブイリ原発事故発生
昭和62	1987	（5月）有機 八丁味噌の仕込みを始めた	
平成1	1989	（10月）味噌桶転倒機導入	
平成2	1990	本社屋が評価され、岡崎市都市景観環境賞を受賞	
平成3	1991	（12月）史料館開館	
平成5	1993	（4月）売店を新設	
平成8	1996	（12月）本社屋と史料館が愛知県で初の国の登録有形文化財に登録された	
平成11	1999	（5月）赤出し味噌新工場が稼動した	

平成17	2005	（4月）八丁味噌協同組合を設立 （11月）NHK朝の連続テレビ小説「純情きらり」のロケ地となった（～平成18）	（2月）中部国際空港セントレア開港 （3月）愛知万博
平成18	2006	年間来場者数が過去最高の35万人を記録 （10月）19代早川久右衛門を襲名	（4月）NHK朝の連続テレビ小説「純情きらり」の放送開始 （4月）地域団体商標制度がスタートした
平成19	2007	（4月）八郎館が建った	
平成23	2011	（11月）「八丁味噌のパウダー」発売	
平成25	2013	（4月）伊勢神宮外宮への奉納献納団の代表として19代久右衛門が宣誓書を読み上げた （11月）地大豆「矢作」で仕込んだ八丁味噌発売	
平成27	2015	（8月）徳川恒孝様ご夫婦がお越しになった （9月）信子妃殿下がお越しになった	
平成29	2017	（3月）フードコート「岡崎 カクキュー 八丁村」オープン （12月）農林水産省の地理的表示（GI）保護制度で、愛知県の組合（カクキューとまるやを含めない）の味噌が「八丁味噌」と登録された	

平成30	2018	（3月）GI登録に関して農林水産省に不服申し立てを行い、記者会見を行った （5月）「岡崎の伝統を未来につなぐ会」により登録見直しを求める署名活動が始まった （7月）日本記念日協会により、「8月3日」が八丁味噌協同組合の「八丁味噌の日」に登録された （10月）味噌や愛知の醸造文化を紹介する「玄佺館」開館	
令和2	2020	味噌の出荷が激減 社内会議にリモートを取り入れる	新型コロナウイルスの感染拡大により東京五輪の開催が延期に 緊急事態宣言が発令され、飲食店をはじめとして休業要請が出される
令和3	2021	（1月）「天保桶仕込み 国産大豆 八丁味噌（400g）」発売 （3月）GI問題、行政不服審査請求の裁決（棄却）が野上浩太郎農水大臣により発表された	

＊本書は中部経済新聞に令和2年1月6日から同年2月29日まで四十七回にわたって連載された『マイウェイ』を改題し、新書化にあたり加筆修正しました。

早川 久右衛門（はやかわ きゅうえもん）

合資会社八丁味噌（屋号：カクキュー）の19代当主。

1950（昭和25）年生まれ。幼名は純次。岡崎高校、日本大学商学部卒業。1975年カクキュー に入社し、1993年に代表社員に就任。2006年「久右衛門」を襲名。2019年から岡崎商工会議所副会頭を務める。

岡崎市出身。

中経マイウェイ新書　050

カクキュー八丁味噌《はっちょうみそ》の今昔《こんじゃく》

2021年8月3日　初版第1刷発行

・

著者　早川 久右衛門

発行者　恒成 秀洋　発行所　中部経済新聞社

名古屋市中村区名駅4-4-10　〒450-8561
電話 052-561-5675（事業部）

印刷所　モリモト印刷株式会社　製本所　株式会社三森製本

ISBN978-4-88520-235-3